나의 직업

자동차 정비사

행복한 직업 찾기
나의 직업 자동차 정비사

1판 1쇄 펴낸날 2014년 5월 14일
1판 4쇄 펴낸날 2018년 12월 23일

엮 은 이 | 청소년행복연구실
펴 낸 곳 | 동천출판

등   록 | 2013년 4월 9일 제319-2013-25호
주   소 | 서울특별시 서초구 효령로 60길 15(서초동, 202호)
전화번호 | (02) 588 - 8485
팩   스 | (02) 583 - 8480
전자우편 | dongcheon35@naver. com

값 15, 000원
ISBN 979-11-85488-20-2 44370

행복한 직업 찾기 시리즈

나의직업 자동차 정비사

Dongcheon
동천출판

CONTENTS

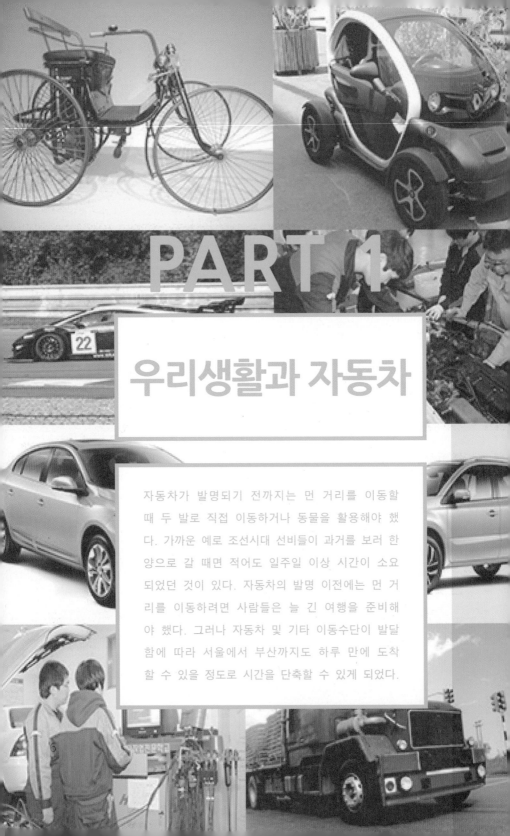

PART 1

우리생활과 자동차

자동차가 발명되기 전까지는 먼 거리를 이동할 때 두 발로 직접 이동하거나 동물을 활용해야 했다. 가까운 예로 조선시대 선비들이 과거를 보러 한양으로 갈 때면 적어도 일주일 이상 시간이 소요되었던 것이 있다. 자동차의 발명 이전에는 먼 거리를 이동하려면 사람들은 늘 긴 여행을 준비해야 했다. 그러나 자동차 및 기타 이동수단이 발달함에 따라 서울에서 부산까지도 하루 만에 도착할 수 있을 정도로 시간을 단축할 수 있게 되었다.

운송수단의
역사

1

　21세기에 들어서며 자동차는 우리 생활에 없어서는 안 될 필수품이 되었다. 대중교통을 포함하여 대부분의 사람들은 생활 전반에서 자동차를 이용하고 있다. 자동차가 생활에 이용되는 만큼이나 자동차와 관련된 1차 2차 및 이와 유기적으로 연결된 다양한 산업이 함께 존재하게 되었다. 자동차 정비사 또한 같은 맥락에서 자동차와 관련된 산업이라고 볼 수 있다.

　이 장에서는 자동차 정비사를 장래 희망으로 꿈꾸는 이들을 위해 자동차라는 제품에 대해 전반적인 지식을 안내하려 한다. 이는 자동차 정비사를 꿈꾼다면 기본적으로 자동차에 대한 지식을

갖추는 것이 좋기 때문이다. 막연하게 자동차를 구성하는 부품들을 외우기만 하기보다는 자동차가 어떤 이유로 어떻게 발명됐는지, 그리고 어떤 과정들을 통해 지금의 모습을 갖추게 되었는지를 살펴보도록 하자. 모든 과정을 알고 나면 자동차를 이해하는 것이 한결 쉬울 것이다.

때문에 지금 우리가 알고 있는 자동차가 어떤 과정을 통해 만들어졌으며, 무엇으로 이루어졌는지를 알아보고, 자동차라는 운송수단이 우리 생활에 어떤 역할을 하고 있는지, 자동차의 구분을 통해 자동차가 우리 생활에서 얼마나 다양한 역할을 하고 있는지 살펴보자.

그밖에 다른 운송 수단들은 무엇이 있는지 등을 천천히 알아보며 자동차 정비사라는 직업에 대해 큰 틀을 잡아 보도록 하자.

바퀴의 발명

인간이 만들어 낸 것 중 중요하게 손꼽히는 것들이 있는데 그 중 바퀴의 발명은 지금의 자동차 문명을 이룩하는 데 큰 공헌을 했다.

바퀴는 자동차 등 이동 수단의 발전뿐 아니라 콘베이어 시스템 등 생산 시설의 발전에도 크게 기여했다. 더불어 톱니 등 물건을 구성하는 기본적인 부품이나 기계 내부 구조에도 사용되고 있다.

바퀴가 처음 사용된 것은 고대 메소포타미아 문명에서부터이다. 이때는 지금과 같은 목적이 아니라 그릇 등을 빚는 도자기의 물레를 돌리는 부품으로 사용됐다고 한다. 비슷한 시기에 인도와 중

국 등에서도 이러한 바퀴가 사용된 기록이 있다.

그러나 문명이 발전하면서 인류는 생활에 필요한 여러 물건들을 각지로 옮겨야만 했다. 따라서 이 물건들을 빠르고 편하게 옮길 만한 도구를 찾기 시작했다.

초기 인류는 널빤지나 나무 조각 등에 끈을 매달아 어깨에 지고 나르는 나무썰매를 사용했다. 이 방식은 사람이 직접 짐을 들고 나르는 것보다 훨씬 힘을 덜 쓰면서 많은 물건들을 옮길 수 있었다. 가축을 기르게 된 이후부터는 사람이 아니라 소나 양, 염소나 나귀 등이 이러한 나무썰매를 끌며 물건을 운반하기도 했다.

그러나 썰매는 판이 직접 땅과 맞닿는 방식이기에 도로의 사정에 따라 쉽게 부서지거나 문제가 일어나곤 했다. 때문에 땅과 직접적인 마찰을 줄이면서 더욱 편리하게 물건을 운반할 수 있는 대체요소로 나무 썰매 아래 둥그런 통나무 등을 받쳐서 굴리는 굴림대가 사용되기 시작했다. 고대 이집트인들은 이 굴림대를 이용하여 먼 곳에서부터 피라미드의 재료인 석재를 쉽게 운반할 수 있었다.

 콘베이어 시스템(Conveyor System)

콘베이어는 일정한 거리 사이에서 연속하여 물건을 운반할 수 있는 기계장치를 말한다. 벨트 콘베이어, 롤러 콘베이어, 휠 콘베이어 등이 있으며 공정 작업 시 부품을 균일하고 원활하게 운반하며 자동화를 돕기도 한다.

이후에는 나무로 된 바퀴들이 주로 사용되기 시작했다. 처음에는 통나무 혹은 널빤지를 붙인 것을 둥그렇게 자르고 끝을 다듬어 바퀴로 사용했는데, 메소포타미아 문명에서는 통나무를 둥글게 자른 원판 바퀴 중심축에 구멍을 뚫어 수레바퀴로 사용한 기록을 엿볼 수 있다.

그러나 나무로 된 바퀴들은 재료의 특성상 오래 사용하지 못하고 금세 부서질 수밖에 없었다. 사람들은 매번 새로운 바퀴를 만들어야 했으며, 이에 대한 개선책이 점차 등장하기 시작했다. 이후에 나무나 가죽, 금속으로 된 테를 바퀴 날에 붙이는 식으로 타이어를 만들어 바퀴의 내구성을 높이는 방식이 개발되었다. 특히 바퀴살을 발명한 뒤로는 이것을 응용한 여러 기구들이 잇달아 만들어질 수 있었다. 이후로는 우리가 잘 알고 있는 고무로 된 타이어나, 궤도를 단 바퀴, 철로 된 바퀴 등이 발명되었다.

그런데 바퀴와 수레는 물건을 운송하는 목적 외에도 종교적인 의식이나 국가적인 주요 행사 등에서 왕족의 위엄을 드러내거나 전시를 하는 용도로 사용됐다. 더불어 전차 등 전쟁을 위한 도구로도 매우 중요하게 쓰였다.

특히 전차는 바퀴가 달린 전투용 수레에 말을 연결시켜 빠르게 달리면서 적에게 다양한 공격을 펼칠 수 있는 유용한 전투 도구였다. 전차를 이용하게 되면 일반 보병들보다 몇 배의 효율이 있었고, 전투를 할 수 있는 지역도 이전에 비해 넓어지게 되었다. 이에 따라 전차는 인류의 정복사업 확장에 큰 기여를 하게 된다. 전차를

통해 보다 넓은 영역을 지배할 수 있게 된 인류는 계속해서 바퀴의 기술적인 발전을 도모할 수 있었다.

　이후 바퀴는 톱니바퀴 등 기계를 구성하는 요소에도 사용되기 시작했으며 기계 등 다방면에서 인류 문화 발전에 크게 기여하게 되었다.

자동차에서 비행기까지

수송이란 사람이나 물건을 한 장소에서 다른 장소로 이동시키는 것을 말한다. 이러한 수송을 위한 수단이나 방법을 수송 기술이라고 한다. 수송 기술이 발달할수록 넓은 지역에 물자와 노동력을 원활하게 공급할 수 있기에 생산력 및 시장 규모를 확장할 수 있다. 뿐만 아니라 이동의 편의를 돕기 때문에 문화적인 교류를 확장하는 역할도 톡톡히 하고 있다.

교통수단과 수송 기술이 발전할수록 국가의 경제력 및 생산 수준도 함께 발전하기에 기업 뿐 아니라 국가 차원에서 직접 수송 기술에 투자를 하며 관리하는 경우도 많다.

바퀴의 발명 이후로 인류는 다양한 수송 기술을 통해 물건을 운반하고 있다. 이 장에서는 현재까지 널리 쓰이고 있는 교통 운송 수단들에 대해 간단히 알아보도록 하자.

1 육상 운송 (육상운재, 陸上運載)

육상 수송은 도로를 이용하여 육지에서 직접 물건 및 사람을 운송하는 방식으로 인류의 기본적인 운송 수단이기도 하다. 철도나 자동차 등이 이에 해당하는 운송 수단이다.

초기에는 앞에서 잠시 언급했던 수레 등을 거쳐 말이나 마차를 이용하는 운송 수단이 보편적으로 이용되기 시작했다. 산업혁명 기간에는 공업화가 이루어지면서 물류 운송에 대한 필요성이 증대됐고, 이에 힘입어 증기 기관을 이용하는 철도 시설이 발달했다.

이후 새로운 동력 기술들이 잇달아 개발되면서 원자력 및 여타 동력원을 사용하는 운송수단들에 대한 개발도 뒤따르고 있다.

2 해상 운송 (해상운재, 海上運載)

해상 운송을 줄여서 해운이라고도 부른다. 바다나 강 등을 이용하여 물건 및 사람을 운송하는 방식을 말한다. 해상 운송은 모든 수송기관 중 가장 큰 수송량을 자랑하며, 운송거리 대비 상대적으로 저렴한 수송비와 기동력으로 원거리 운송에 매우 효율적이라는 장점이 있다.

또한 육로로는 가기 어려운 지역까지 자유롭게 이동할 수 있기에 국제 무역에 매우 적합하지만 타 운송기관에 비해 상대적으로 운송 시간이 느리다는 단점이 있다.

초기에는 나무나 동물의 가죽으로 만든 뗏목, 통나무 배 등을 이용했다. 고대 이집트에서는 노와 돛을 이용한 배를 사용한 기록이 남아있기도 하다. 이후 바람의 힘을 보다 잘 이용한 범선이 개발되며 국가 간 정복사업 및 상공업에 널리 이용되었다. 19세기에 들어서 화물선이 아닌 여객선이 이용되기 시작했고 이때부터 대대적인 국가 간 이민이 이루어질 수 있었다. 20세기에는 컨테이너를 실을 수 있는 대형 선박 기술이 발달했다. 최근에는 항공 기술의 발달로 여객선보다는 화물 운송을 목적으로 하는 상선들이 주로 사용되고 있다.

3 항공 운송

항공 운송은 공중으로 물건이나 사람을 운송하는 방식이다. 육상과 해상에 이어 개척된 운송 방식이기에 여타 운송 수단에 비해 발전 역사가 짧지만 세계 교통체제 혁신에 크게 기여한 운송수단이기도 하다.

산업혁명을 통하여 과학과 기술이 발전되면서 하늘을 나르려는 인간의 꿈이 드디어 이루어지게 되었다.

19세기에는 비행기 날개를 직접 조정할 수 있는 글라이더가 만들어졌으며, 20세에 들어서 미국 라이트 형제가 가솔린 기관을 이용한 동력 비행기를 만들었다.

이후 기술력을 더욱 발전시켜 제트기와 로켓 등이 개발 되었으며 더불어 항공 교통수단의 전성기를 맞게 되었다.

오늘날 항공 운송은 화물 운송의 목적도 있지만 여객 사업에 주로 쓰이고 있다.

미래의 수송기술

오늘날에는 발달된 기술력에 힘입어 초고속으로 달릴 수 있는 기관차나 항공기에 대한 소식을 심심찮게 볼 수 있다. 그러나 이와 같은 운송 수단들의 에너지원은 빠른 동력을 창출하는 대신 환경 오염을 일으킬 수 있다는 단점이 있다.

그래서 최근에는 환경오염을 일으키지 않을 새로운 에너지원에 대한 연구가 계속되고 있어 머지않아 우리들의 생활에 응용될 것으로 보인다. 이와 더불어 교통수단에서도 많은 변화가 일어날 것이며 새로운 에너지를 사용하는 새로운 녹색 교통수단이 등장할 것이다.

자동차의 역사

산업혁명의 영향으로 자동차의 역사는 대부분 유럽에서 이루
어졌다. 1860년에 프랑스의 르노아르(Lenoir)가 가스로 움직일 수 있
는 내연 기관을 발명했다. 이 기술에 기반하여 1867년 독일의 오토
(Otto)와 랑엔(Langen)이 열효율을 더욱 개선한 내연기관을 파리 박람
회에 출품했다. 이후 오토는 4행정 사이클 가스 기관을 최초로 개
발하기에 이른다. 비슷한 시기에 영국의 클러크(Clerk)가 최초로 2
행정 가스 기관을 개발함으로써 자동차가 만들어질 수 있는 기반
을 구축했다.

연이은 신 기관 개발에 힘을 얻어 1883년 독일의 다이믈러

(Daimler)와 마이바흐(Maybach)는 열 튜브로 점화가 가능한 4행정 고속 가솔린 기관을 최초로 개발했고, 그로부터 2년 뒤 이륜 구동차 즉 모터사이클을 개발하기에 이른다. 이와 동시에 독일의 벤츠(Benz)가 최초로 3륜차를 개발하여 특허를 받았다. 경쟁하듯 계속되는 개발로 1886년 다이믈러는 가솔린 기관을 장착한 4륜차를 개발해냈고, 1887년에는 독일의 보쉬(Bosch)가 자석 점화 장치를 개발했다.

이때부터는 자동차 기관뿐 아니라 부속품에 대한 개발도 함께 이루어졌다. 1889년에는 영국의 던롭(Dunlop)이 압축 공기 타이어를 개발해냈고, 마이바흐는 1893년 분사식 기화기를 개발했다. 1893년에는 독일의 디젤(Diesel)이 압축 착화기관, 흔히 디젤 기관이라고 알려진 기관장치를 개발해 특허를 받았으며, 이 발명에 힘입어 멘사에서 최초로 작동 가능한 디젤 기관을 발표하기에 이른다. 1897년에는 포르쉐(Porsche)가 로너 포르쉐(Lohner-Porsche)라는 최초의 전기 자동차를 발표하기도 했다.

기술 발전이 어느 정도 궤도에 오르면서 자동차는 점차 보편적으로 양산되기 시작했다. 1913년 미국의 포드(Ford)는 자동차 생산라인에 컨베이어 벨트 시스템을 도입하여 소요시간을 단축시켰고, 1923년에는 벤츠와 멘사의 공동 작업으로 최초의 디젤 트럭이 발명됐다. 1936년에는 다이믈러와 벤츠가 연합하여 디젤 승용자동차를 양산하였으며, 1949년에는 미쉘린(Michelin)사에서 광폭 타이어 및 스틸 벨티드 래디얼 타이어를 생산하기 시작했다. 1950년에는 영국의 로버(Rover) 사에서 가스 터빈 자동차를 발표했고, 1954년에는 반켈(NSDU-Wankel) 사에서 회전 피스톤 기관을 개발함과 동시에 그것이 장착된 자동차를 발표하기도 했다.

1966년에는 보쉬(Bosch)사에서 전자 제어 가솔린 분사 장치를 개발했다. 이 시기에 자동차는 이미 보편적인 탈것으로 자리 잡고 있었기에 이에 따른 각종 규제들이 도입되기 시작했다.

1970년에는 안전벨트의 중요성이 대두되며 운전자와 앞좌석 동승자용 안전벨트가 도입됐고, 1978년에는 잠금장치가 승용 자동차에 도입됐다. 1984년에는 에어백 시스템이 도입됐으며, 그로부터 일 년 뒤에는 무연 가솔린 기관에 필요한 촉매기 시스템이 도입됐다.

20세기에 들어서며 자동차는 완전히 보편적인 생활필수품으로 자리 잡았고, 대량 생산에 들어갔다. 1997년에는 전자제어 현가장치, 커먼 레일 디젤분사장치 등이 도입됐고, 2000년대에 들어서는 전자 유압식 브레이크(EHB)가 도입됐다.

자동차(Car)라는 이름은 어디에서 비롯됐을까?

우리가 알고 있는 영어 단어들 중 일부는 라틴어나 그리스어에서 비롯된 단어들이 종종 있다. 자동차를 뜻하는 말인 영국식 영어 'Car'와 미국식 영어 'Automobile'도 그러하다.

먼저 영국식 단어인 'Car'는 '바퀴 달린 탈 것'이라는 'Carrus', 'Carrum'이라는 라틴어에서 비롯된 말이다.

다음으로 미국식 단어인 'Automobile'은 스스로 라는 의미의 'Autos'와 '움직이다'라는 의미의 'Movere'를 합쳐 '스스로 움직인다'는 뜻을 만든 합성어에서 비롯되었다.

우리가 쓰는 '자동차(自動車)'라는 말 역시 한자어로 '스스로 움직이는 수레'라는 의미가 있다.

4행정 내연기관

자동차의 원동력으로 흡입, 압축, 폭발, 배기 네 가지 과정을 거쳐 동력을 생산한다. 공기 중의 산소를 이용하여 혼합, 압축 후 연소 시 발생하는 열에 너지를 운동 에너지로 치환하는 방식이다.

생활에 꼭 필요해진 자동차

국토교통부 통계 자료에 따르면 우리나라는 2010년 기준 자동차 등록대수가 1,794만 대였으며 이후 매년 3~50만 대씩 증가하여 2013년 말에는 1,940만 대의 자동차가 등록되었다. 이러한 추세로 2017년에는 2,250만 대를 넘어섰다.

대한민국 전체 인구가 약 4,800만 명이니 국민 세 사람 중 한 두 명은 자동차를 보유하고 있는 꼴이다. 이처럼 자동차는 우리 생활에 꼭 필요한 필수품이 되어 다양한 부분에서 생활의 편의를 돕고 있다.

1 이동 수단으로서의 자동차

　자동차가 발명되기 전까지는 먼 거리를 이동할 때 두 발로 직접 이동하거나 동물을 활용해야 했다. 가까운 예로 조선시대 선비들이 과거를 보러 한양으로 갈 때면 적어도 일주일 이상 시간이 소요되었던 것이 있다.

　자동차의 발명 이전에는 먼 거리를 이동하려면 사람들은 늘 긴 여행을 준비해야 했다. 그러나 자동차 및 기타 이동수단이 발달함에 따라 서울에서 부산까지도 하루 만에 도착할 수 있을 정도로 시간을 단축할 수 있게 되었다.

　이에 따라 사람들은 잔여 시간을 좀 더 효율적으로 사용할 수 있게 되었고, 더 많은 일을 더 많은 사람들과 할 수 있게 되어 업무 및 다양한 분야를 발전시키는 데 큰 역할을 했다.

더불어 자동차의 에너지를 활용하여 이동하므로 두 발로 걷거나 동물을 이동할 때와 달리 체력적인 소모 또한 줄이게 되어 보다 편리한 생활을 영위할 수 있게 되었다.

2 운송 수단으로서의 자동차

운송 수단의 발달은 상업 분야에 큰 기여를 했다. 먼저 제품의 원료를 빠르게 알맞은 곳에 대량으로 이송할 수 있게 되었다. 때문에 원료의 신선도를 유지하면서도 완제품의 공정시간을 단축시키는 데 크나큰 역할을 했다.

더불어 이송 시간이 단축됨에 따라 원료 생산지와 중간 공정소, 제품의 판매처까지 물자를 원활하게 이송시킬 수 있게 되어 각 업체 간 편이를 도왔다.

이러한 편의로 인해 제품을 판매할 수 있는 유통망 및 시장 또한 이전보다 확장될 수 있었고 이는 산업의 발달에 큰 공헌을 했다.

3 자동차의 구조

　자동차는 여러 가지 장치들이 긴밀하게 연결되어 이루어져 있다. 그러나 크게 구분해 본다면 다음과 같은 두 가지로 살펴볼 수 있다. 차 외부를 말하는 차체(body)와 내부인 차대(chassis)가 바로 그것인데 일반적으로 자동차를 정비할 때에도 이와 같은 구분들을 주로 사용하니 알아 두면 도움이 될 것이다.

　차체는 보통 눈으로 볼 수 있는 차 외부를 뜻하며 섀시는 차 내부 및 자동차를 구성하는 기계부를 말한다. 이전까지는 차체와 차대가 구분된 차량이 대부분이었으나, 최근에는 차체와 차대가 하나로 연결된 일체식 구조를 가진 차량도 많다.

차체는 자동차의 몸체를 말한다. 크게는 엔진이 있는 부분인 엔진실, 좌석이 있는 승객실, 짐을 싣는 트렁크로 구분할 수 있다. 차체의 형태에 따라 자동차의 모양이 달라지므로 육안으로 자동차를 구분하는 대략적인 기준이 된다.

- **후드(Hood)**: 엔진을 덮어서 보호하며 흔히 뚜껑이라고도 하는 자동차의 앞부분이다. 흔히 본네트라고 부르기도 한다.
- **루프(Roof)**: 자동차의 윗면을 덮고 있는 부품이다. 루프에 부착되어 자동차 지붕을 열고 닫을 수 있는 구조물은 선루프(sunroof)라고 한다.
- **범퍼(Bumper)**: 자동차의 앞과 뒤를 장식하는 테두리이다. 앞 범퍼 및 아랫부분에 있는 하위 부품은 자동차의 공기 저항을 줄여주는 역할을 한다.
- **그릴(Grille)**: 범퍼 위쪽으로 자동차의 앞부분에서 라디에이터를 보호하는 창살과 같은 부품이다.
- **전조등(headlight)**: 그릴 좌우에 달려서 주행로를 밝히는 역할을 하는 조명등이다. 그릴과 전조등은 자동차를 디자인할 때도 중요하게 생각하는 요소이기도 하다.
- **카울(Cowl)**: 자동차 후드와 앞 유리 사이에 있는 부품이다.

승객실에 공기가 통할 수 있도록 돕는 환기 역할을 한다.

- **위셔 노즐(Washer nozzle)**: 자동차 앞 유리를 닦을 수 있는
  액체를 뿜는 장치이다.

- **와이퍼(Windshield wiper)**: 위셔 노즐에서 분사된 액체로
  전면 유리창을 닦는 고무로 된 롤러이다.

- **바깥 거울(Outside mirro)**: 자동차 좌우에 부착된 거울이
  다. 운전자가 자동차의 옆과 뒤를 살필 수 있도록 돕는다.

- **중앙 지추(Center paos)**: 차체의 위와 아래를 연결하는 역
  할을 한다. 자동차와 앞문과 뒷문 사이에 있는 세로 기둥이
  다.

- **문(Door)**: 탑승자가 자동차 내부로 들어갈 수 있도록 한다.
  주로 경첩 등으로 연결되어 있으며 간혹 슬라이드 방식으

로 열고 닫을 수 있는 문도 있다. 대부분의 문에는 손잡이 (door handle)가 달려 있으며, 문 안쪽에 부착된 잠금 장치는 도어 록(door lock)이라고 한다.

- **사이드 몰딩(body side molding)**: 문에 부착된 금속 혹은 플라스틱 장식으로 외부의 충격으로부터 문을 보호하는 역할을 한다.
- **차창(window)**: 자동차 내부를 보호하며 탑승자가 외부를 잘 볼 수 있도록 돕는다.
- **쿼터 윈도(quarter window)**: 승객실 창문 중 뒤쪽에 작게 구분된 유리를 따로 부르는 말이다.
- **드립 몰딩(Drip molding)**: 창문 위쪽에 장착되어 빗물을 흘

려보내는 역할을 하는 기구이다.

- **연료 주입구 덮개(fuel door):** 자동차 뒤쪽에 있는 연료 주입구를 가리는 역할을 한다.
- **트렁크(Trunk):** 자동차 뒤쪽에서 짐을 싣는 용도로 쓰인다.
- **안테나(Antenna):** 무선 전파를 수신하는 역할을 하며 보통 자동차 후미나 트렁크 쪽에 부착되어 있다.
- **타이어(Tire):** 흔히들 자동차 바퀴를 흔히 타이어(Tire)라고 하는데, 정확히는 바퀴에 장착하여 주행 시 오는 마찰을 줄이고 노면의 충격을 흡수하는 역할을 하는 고무로 된 원형 튜브를 말한다.
- **휠 커버(Wheel cover):** 바퀴 축을 금속 등으로 장식한 부분이다.
- **흙받이(Mud flap):** 자동차 뒷바퀴에 달린 작은 덮개나 조각이다. 주행 시 바퀴에서 튀어 오르는 물질들이 차체에 닿지 않도록 방지하는 역할을 한다.

2 차대(chassis)

자동차의 바깥 구조물, 즉 차체를 제외한 나머지 부분을 말한다. 보통 영어 그대로 섀시라고 부른다. 자동차 내부 기계장치를 통틀어 이른다. 자동차를 움직이는 실질적인 동력부이기에 차대만으로도 주행이 가능하다.

■ 프레임(Frame)

자동차의 뼈대가 되어 각종 장치와 차체를 연결하는 틀을 말한다. 전체적인 골격을 이룸과 동시에 내 · 외부의 진동 및 소음을 흡수하는 역할도 한다. 차체와 프레임을 하나로 연결한 프레임 구조(일체 구조식)와 프레임과 차를 분리한 프레임리스 구조가 있다. 프레임 일체식의 경우 진동이나 소음이 적고 외부의 충격을 차체 전체에 분산시키므로 승차감이 좋으나, 차체가 무거워지고 차고가 높아지는 단점이 있다.

■ 엔진(Engine)

프레임이 자동차의 뼈대라면, 엔진은 자동차의 심장이라고
할 수 있다. 자동차의 핵심 동력을 만들어내는 기관으로 자
동차를 움직이는 실질적인 동력이다. 자동차 엔진에는 다
양한 형태가 있으며 엔진을 이해하는 것만으로도 자동차
정비 및 자동차를 이해하는 데 큰 도움이 된다.

먼저 2행정 사이클 기관 엔진이 있다. 이것은 내부의 크랭
크가 한번 회전할 때마다 폭발을 일으키는 방식을 말한다.
원활한 회전과 큰 출력이 장점이지만 때에 따라 공기를 빨
아들이거나 내뱉는 과정에서 문제가 있고 경제적으로도 비
효율적이라 현재는 잘 쓰이지 않는다. 일부 모터사이클 및
디젤 엔진 등에서 이 형태를 사용하고 있다.

일반적인 자동차들은 4행정 사이클 기관 엔진을 사용한다.
이것은 크랭크가 두 번 회전할 때마다 한 번씩 폭발을 일으
켜 동력을 형성하는 방식이다. 때문에 규칙적인 회전을 위
해 실린더를 좀 더 많이 장착해야 하지만 안정적이며 경제
적으로도 효율적이라는 장점이 있다.

마지막으로는 로터리 엔진 방식이 있는데 로터가 회전하면
서 로터와 실린더 사이에 있는 공간의 공기를 활용하여 동
력운동을 하는 방식이다. 매우 효율적인 방식이지만 아직
보편화되지는 않았으며 전 세계 자동차 회사에서 연구를
진행하고 있다.

■ **동력전달 장치**

엔진에서 발생되는 동력을 자동차 바퀴로 전달함과 더불어 자동차와 엔진을 조율하는 장치이다. 자동차를 움직이는 동력인 엔진, 동력을 제어하는 클러치, 속도를 조절하는 변속기 등이 이에 속한다.

■ **조향 장치**

자동차의 주행 방향을 조정하는 장치이다. 운전대 혹은 핸들이라고 불리는 스티어링 휠과 운전대를 조작하는 것을 조향기어와 링크에 전달하는 조작기구, 기본 방향축인 조향축의 회전을 담당하여 조작력 및 운동 방향을 조절하는 기어장치, 기어 기구의 작동을 앞바퀴에 전달하여 좌우 바퀴를 조절하는 링크 기구가 있다.

- **현가 장치**(서스펜션, suspension)
프레임에 바퀴를 고정하여 자동차가 달릴 때 도로에서 오는 충격을 흡수하는 역할을 한다. 현가장치가 어떠하냐에 따라 자동차의 승차감이 결정되기에 자동차 디자인 및 설계 시 매우 중요한 요소로 손꼽는다.

- **제동 장치**(브레이크, Break)
자동차의 속력조절 및 차제 정지를 담당한다. 주로 마찰력을 이용하는 브레이크를 사용한다.

연료에 따른 자동차 구분

■ 가솔린(Gasoline) 자동차

석유는 끓는점에 따라 다양하게 구분되는데 그중 가장 보편적으로 사용되는 것은 휘발유라고도 부르는 가솔린이다. 일반적인 승용차에 대부분 사용되는 연료로 효율이 좋으며 소음과 진동도 균일하고 적은 편이어서 많이 쓰이고 있다. 그러나 폭발 위험 및 배기가스의 독성 여부와 환경오염 등의 이유로 계속 개량 연구되고 있으며 사용을 줄이는 방안에 대해서도 세계적으로 논의되는 중이다.

■ 디젤(Diesel) 자동차

가솔린보다 휘발성이 낮은 경유를 사용하는 방식이다. 가솔린보다 비용이 싸면서 연비나 효율 면에서도 뛰어난 능력을 보인다. 그러나 소음과 공해 문제가 있어 주로 트럭이나 버스 등에 사용됐으며 최근 들어 일부 자동차에서도 사용되고 있다. 에너지 절약 및 환경오염을 초래하는 공해를 줄일 수 있지만 소음이 심하며 기타 여러 면에서 가솔린 엔진보다 편의성이 떨어진다.

■ 엘피지(LPG) 자동차

프로판 가스라고도 불리는 액화석유가스를 말한다. 엔진 구동방식은 가솔린 기관과 비슷하다. 최근 들어 가솔린 엔진의 대체제로 많이 쓰이고 있다. 우리나라에서는 여객운수사업용 승용자동차, 7인승 이상의 승합, 화물자동차와 특수자동차, 지방자치단체의 관용 승용자동차, 국가유공자 및 기타 유공자, 장애인 자동차 등 세부적인 규정에 따라 엘피지(LPG) 가스 허용차량이 제한되어 있다.

자동차 산업의 특징

자동차 산업은 매우 규모가 큰 종합산업이다. 2만 여 개가 넘어가는 각 부품들을 생산부터 조립까지 한 번에 해낼 수 없기에 생산 구조 방식이 단일화되지 않고 복합적이다.

먼저 1차 부품산업체가 있는데, 이들에게서는 자동차를 이루는 기초적인 부품들을 조달받게 된다.

2차 산업에서는 조달받은 부품들을 모아 자동차를 이루는 각 기계장치로 조립하게 된다.

다음으로 3차 산업에서는 이 부품들을 최종적으로 자동차를 조립하게 된다.

자동차 산업은 이런 식으로 산업 방향이 계속 이동하는 중층적인 생산 구조 방식을 따른다.

생산에서부터 판매까지 해당 영역이 매우 광범위하기에 각 영역을 분화하여 별도 담당하는 형식이다.

더불어 전기 및 전자 분야와도 접목되어 있기에 각종 신기술 정보 및 관련 산업들과도 밀접하게 연관되어 있다.

4

자동차의 종류

자동차의 종류는 매우 다양하나 크게는 자동차(승용차), 승합차, 화물차, 특수차 등으로 구분할 수 있다. 이는 외형의 차이뿐 아니라 자동차 사용 목적에 따른 구분이기도 하다.

1 사용 목적에 따른 구분

■ **승용차**(乘用車)
흔히 알고 있는 자동차를 말한다. 여기에서 배기량에 따라 경차, 소형차, 준중형차, 중형차, 중, 대형차 등으로 세분화된다.

- 경차: 배기량이 1000cc 이하인 자동차
- 소형차: 배기량이 1000~1600cc 사이인 자동차
- 준중형차: 배기량이 1600~1800cc 사이인 자동차
- 중형차: 배기량이 2000~2400cc 사이인 자동차
- 중 · 대형차: 배기량이 2400cc 이상인 자동차

■ **승합차**(乘合車)

많은 사람들을 태울 수 있는 대형 자동차를 말한다. 마을버스, 대형버스, 고속버스 등이 이에 속한다. 일반 승용차와

는 다르게 속도 제한이 있는 경우도 있다. 이에 대해서 법령이 변경되고 있기에 매년 확인을 하는 것이 좋다.

■ **화물차**(貨物車)

화물을 실어 나르는 자동차를 이야기한다. 덤프트럭, 픽업, 밴, 트레일러, 트럭 등이 이에 속한다.

■ **특수차**(特殊車)

특별한 목적으로 사용되는 자동차를 말한다. 방송국 중계차, 이동 도서관 차, 순찰차, 제설차 등이 이에 속한다.

자동차의 구동 방식

■ 후륜구동 방식
엔진에서 발생한 동력을 뒷바퀴에 전달하여 차체를 움직이는 방식이다. 앞바퀴는 방향을 전환하는 역할만을 담당한다. 일반 자동차 및 화물차에 주로 사용된다.

■ 전륜구동 방식
엔진에서 발생한 동력을 앞바퀴에 직접 전달하여 차체를 움직이는 방식이다. 그러나 앞바퀴가 움직이면서 방향 전환을 함께 담당하려면 상당한 기술력이 필요했고, 때문에 자동차 제조 원가가 높고 자동차 운전 시 조종 감각이 일반 차량과 조금 다르다는 단점이 있다. 그러나 기후 변화에 따른 미끄러짐 및 노면 이상을 잘 견디며 유동적으로 대처할 수 있으며, 바람의 영향을 적게 받는다는 장점이 있다. 더불어 후륜구동과 다르게 뒤쪽에 달려 있던 기관들이 차체 앞쪽으로 옮겨짐에 따라 공간적인 여유가 생기므로 다양한 디자인 변형도 가능하다.

2 외형에 따른 구분

■ **세단(Sedan)** : 문이 4개인 일반적인 자동차
■ **쿠페(Coupe)** : 문이 2개이고 천장이 낮은 자동차
■ **왜건(Wagon)** : 천장이 트렁크까지 수평으로 이어진 자동차

- **리무진(Limousin):** 앞 열에 비해서 뒤쪽이 넓고 길게 이어진 자동차
- **컨버터블(Convertible):** 천장을 열고 닫을 수 있는 자동차
- **밴(Van):** 뒤쪽에 물건을 적재할 수 있는 공간이 넓은 자동차
- **해치백(Hatch-back):** 트렁크와 뒷유리가 한번에 열리는 자동차이다. 탑승부 문은 보통 2개이며 앞좌석을 접어서 뒷좌석으로 이동할 수 있다. 짐칸은 보통 뒷좌석과 연결되어 있다.
- **다목적차량(SUV):** 다양한 지형을 주행할 수 있도록 설계된 자동차로 주로 디젤 기관 자동차가 많다. 세단에 비해 차체

가 높다.

- **스포츠카(Sport-car)**: 경주용으로 만들어진 자동차이다. 공기 저항을 최소화하도록 디자인되어 있다. 문은 대부분 2개이며 뒷좌석이 좁은 경우도 많다.

- **픽업트럭(Pick-up-truck)**: 지붕이 없는 적재함이 있는 자동차.

- **초소형차(micro compact car)**: 좌석이 2개밖에 없으며 화물칸도 좌석에 포함되어 있는 자동차이다. 차체가 매우 작아 좁은 곳을 유용하게 다닐 수 있다.

여러 가지 자동차

■ 캠핑카

캠핑카는 탑승칸에 주거용 시설이 부착되어 장기간 여행을 하면서 조리와 숙박이 가능하도록 만든 자동차이다. 일반 승용차나 트레일러 등을 개조해서 만들기도 하고 자동차 회사에서 자체적으로 캠핑카를 제작하기도 한다. 주거용, 캠핑용에 따라 디자인이 달라진다. 미니 트레일러 형, 캠핑 시설이 갖춰진 칸을 탈부착 가능한 트럭형 캠핑카 등 개조형 캠핑카와 자동차 제조 회사에서 직접 디자인하여 출시한 캠핑카 등이 있다.

최근 들어 여가시간을 알차게 즐기기 위해 가족 단위 혹은 개인이나 친구들끼리 먼 곳으로 떠나 자연생활을 즐기는 캠프 문화가 유행하고 있다. 특히 가족 단위로 캠핑을 할 경우 일반 차량으로 이동 후 캠핑 시설을 이용하거나 직접 캠핑 장비를 꾸려 여가를 즐기는 것보다 모든 시설이 갖춰진 캠핑카를 이용하는 것이 생활편이 및 가족의 취향 등을 조율하기 좋다. 때문에 캠핑카에 대한 수요가 점차 증가하고 있다. 더불어 별도의 면허를 딸 필요 없이 차종에 따라 일반 면허로도 차량을 이용할 수 있다는 점도 한몫 하고 있다.

캠핑카를 직접 구입할 수도 있지만 일반 승용차에 비해 상대적으로 고가인 점과 불법 개조에 대한 규제 및 연비 문제 등으로 인해 대부분 대여 업체를 통해 캠핑카를 이용하고 있다. 이에 따라 자동차 정비사의 연관 업무도 점차 확장되고 있다.

■ 건설기계

건설공사 현장 등에서 주로 사용되는 차량으로, 흙이나 돌 등을 파헤치거
나 운반하는 장비들을 말한다. 주로 차량 장비들이 많다. 대규모 작업에
용이하도록 만들어진 장비들이기에 강한 하중에도 잘 견딜 수 있고 알맞
은 내구도가 있도록 튼튼하게 만들어져 있다. 별도의 면허를 취득해야만
이 기기들을 이용할 수 있다.

각 건설현장의 상황에 맞춰 수시로 이동하며, 변화하는 상황에 맞춰 유
동적으로 대처해야 하기에 미연의 사고를 방지하기 위해 정기적인 점검
이 반드시 필요하다. 더불어 건설현장의 특성상 잦은 위험에 노출되기도
하며, 마모 및 내구도 등에서도 쉽게 손상이 갈 수 있기에 기기 운전자 및
정비사의 재량이 기기의 수명을 좌우한다. 많은 상황을 거치며 경험을 쌓
을수록 이에 소모되는 시간이나 잘못된 판단이 줄어들기에 운전자 및 정
비사의 연륜이 중요하다.

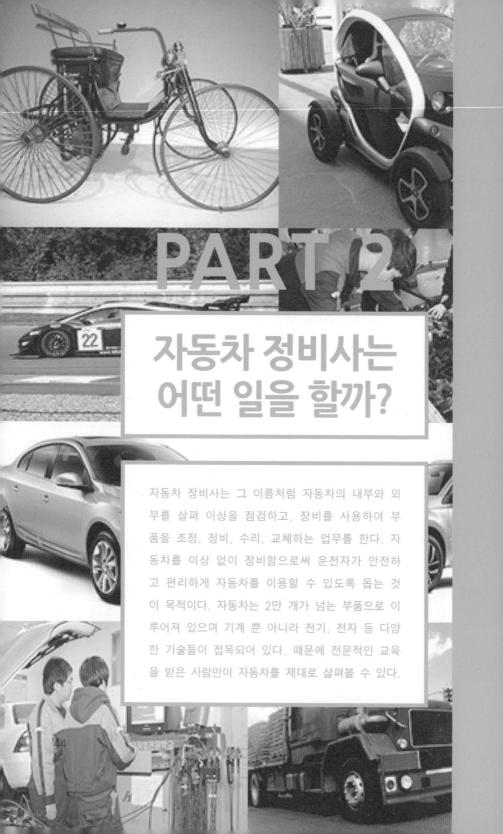

PART 2

자동차 정비사는 어떤 일을 할까?

자동차 정비사는 그 이름처럼 자동차의 내부와 외부를 살펴 이상을 점검하고, 장비를 사용하여 부품을 조정, 정비, 수리, 교체하는 업무를 한다. 자동차를 이상 없이 정비함으로써 운전자가 안전하고 편리하게 자동차를 이용할 수 있도록 돕는 것이 목적이다. 자동차는 2만 개가 넘는 부품으로 이루어져 있으며 기계 뿐 아니라 전기, 전자 등 다양한 기술들이 접목되어 있다. 때문에 전문적인 교육을 받은 사람만이 자동차를 제대로 살펴볼 수 있다.

1

자동차
정비사의
적성

앞 장에서 자동차에 대해서 전체적인 이해를 마치고 왜 자동차 정비사를 꿈꾸게 되었는지를 스스로 납득했다면 이제는 자동차 정비사라는 직업을 들여다 볼 차례이다.

자동차와 관련된 업무 중 자동차 정비사는 어찌 보면 자동차와 직접적으로 연결된 중요한 직업이라고 볼 수 있다. 자동차에 대한 풍부한 지식을 바탕으로 자동차가 이상 없이 작동되도록 직접 개입하는 직업이기 때문이다. 또한 사람들이 병에 걸리면 의사를 찾아가 치료를 받듯, 자동차도 병에 걸리거나 이상이 있으면 자동차 정비사를 찾아가야 한다. 즉 자동차의 생명을 돌보는 업무라고

도 볼 수 있다. 때문에 자동차 산업에서 자동차 정비사는 매우 중요한 역할을 담당하고 있다.

먼저 어떤 성격과 적성을 갖춘 사람들이 자동차 정비 업무를 하고 있는지 살펴보고, 자동차 정비사가 실제로 어떤 일을 하고 있으며, 어디에서 근무하는지를 알아보자. 또한 우리나라 외에 다른 나라의 자동차 정비사들의 업무 형태도 소개되고 있으니 국내 사정과 비교해 보는 것도 좋다. 그 외 실생활에 매우 유용한 자동차 관련 법령도 함께 소개하고 있으니 꼼꼼히 읽으며 자동차 정비사라는 직업을 가까이 들여다보도록 하자.

자동차 정비사의 적성

1 관심분야

■ **자동차에 대한 흥미**

업종 특성상 자동차에 흥미가 있을수록 좋다. 자동차를 특
징에 따라 구분할 수 있고, 내부를 살펴보는 것을 좋아한다
면 기본적으로 자동차 정비사의 자질이 있는 것이다.

■ **기계에 대한 관심**

자동차 역시 기계 부품으로 이루어진 공산품이기에 복잡하

고 다양한 기계를 살펴보고 다루는 것을 좋아하는 이들이
이 분야에 알맞다. 자동차를 이루고 있는 부품들에 대해 관
심이 많고, 어떤 기계원리로 작동하는지 관심이 있다면 자
동차 정비사의 꿈을 키워 봐도 좋을 것이다.

■ 전기 · 전자에 대한 관심

오늘날의 자동차는 초기의 기계적 작동만으로 움직이는 자
동차와 다르게 거의 모든 기관들이 전기와 전자장치로 바
뀌었다. 이제는 엔진까지 전기로 움직이는 자동차가 나오
면서 전지와 전자 분야에 대한 지식은 자동차를 연구하고
개발하는데 빠질 수 없는 핵심적인 지식으로 자리 잡았다.

- **꼼꼼함**

  자동차는 내부 부품이 복잡하고 다양할뿐더러, 기계 뿐 아니라 전기 및 기타 부속품까지 각 분야들이 유기적으로 연결된 복합 구조물이다. 때문에 이 모두를 살펴보려면 기본적으로 성격이 꼼꼼해야 한다. 정비사의 실수가 자동차 및 운전자의 안전을 좌우할 수 있기 때문이다.

- **책임감**

  자동차 정비사는 보통 한 대의 자동차를 책임지고 수리하게 된다. 때문에 충실한 책임감과 업무 수행력이 필요하다.

- **자율성 · 진취성**

  자동차의 정비 및 수리는 정비사의 재량에 달려 있다. 따라서 업무에 대해 자율적으로 해결할 수 있는 능력과 적극적으로 업무를 완수하는 진취성이 필요하다.

- **사교성**

  자동차 정비업 또한 고객을 대하는 일종의 서비스업이기에 기본적인 사교성이 필요하다.

■ **인내심**

자동차를 완벽하게 수리하기까지 때로 긴 시간이 걸리기도
한다. 때문에 이 시간을 감내할 인내심도 필요하다. 더불어
기계 수리 과정에서 부품 및 기계를 직접 손대어 작업하며,
때로 장시간 수리를 하는 경우도 있기 때문에 어느 정도의
체력을 갖춘 편이 좋다.

■ **현실감각**

실생활과 밀접하게 접목되어 있는 업무이므로 어느 정도의
현실 감각도 필요하다.

■ **판단력**

눈앞에 닥친 상황뿐 아니라 앞으로의 문제점을 예측하고
그것을 예방할 수 있도록 사전에 점검, 처리할 수 있는 판
단력과 통찰력이 필요하다.

2

자동차 정비사의 업무

　자동차 정비사는 그 이름처럼 자동차의 내부와 외부를 살펴 이상을 점검하고, 장비를 사용하여 부품을 조정, 정비, 수리, 교체하는 업무를 한다. 자동차를 이상 없이 정비함으로써 운전자가 안전하고 편리하게 자동차를 이용할 수 있도록 돕는 것이 목적이다.

　자동차는 2만 개가 넘는 부품으로 이루어져 있으며 기계 뿐 아니라 전기, 전자 등 다양한 기술들이 접목되어 있다. 때문에 전문적인 교육을 받은 사람만이 자동차를 제대로 살펴볼 수 있다. 고장 및 이상 위험이 있는 부위를 예측하여 미리 교정, 조정하는 사전 정비 및 이상 부위를 정비하는 사후 정비, 자동차 외부를 도색·수리하는 업무 등을 담당한다.

1 차량상태 확인

　자동차의 상태를 살펴 이상이 있는지, 이상이 있다면 어떤 부분에서 그러한지를 확인한다. 일반적으로 자동차를 정비할 때는 엔진, 전기, 자동차 하체, 판금, 도장 등으로 구분하여 정비를 하게 된다. 자세한 내용은 아래쪽에 별도로 기재하고 있다.

　고객의 설명을 듣고 문제점을 파악한 뒤 먼저 육안으로 차량을 살핀다. 이후 직접 시운전을 해 보거나 측정 도구를 사용하여 보

다 정밀하게 차체를 검사하여 정확한 이상 부위를 진단한다. 이후 작동상태를 보아 수리, 혹은 교체가 필요한 상황인지를 정확히 판단한다. 오랫동안 업무에 종사하다 보면 연륜이 쌓여 시간을 단축할 수 있다.

2 부품수리 및 교체

점검을 마친 뒤 정비사의 재량으로 이상 부위를 수리, 재조립 및 교체한다. 내부 기기에 대한 수리, 교체작업뿐 아니라 찌그러진 차 외부를 곧게 펴거나 흠집이 난 곳에 도색을 하는 작업을 겸하기도 한다. 작업을 마친 뒤에는 정비한 곳이 이상 없이 잘 작동되는지를 최종 확인한다.

자동차 정비는 보통 다음과 같은 구분에 따라 나누어 정비한다. 앞 장에서 자동차 구조에 대해 대략적으로 익혔다면 아래 내용을 무리 없이 이해할 수 있을 것이다.

- 엔진 정비

  기본적인 엔진의 내부 및 주요 부위 정비 외에 엔진이 잘 움직이도록 돕는 윤활 장치, 연료 장치 등 각종 장치들을 점검, 정비한다. 이때 오일 등을 교체하기도 한다. 더불어 엔진에서 발생하는 열이 주변 기기들을 손상시키지 않도록 돕는 냉각 장치 정비, 엔진이 가동되기 위한 연료를 운반하는 연료 장치 정비, 엔진이 구동될 때 발생하는 가스가 외부로 배출되는 곳인 흡, 배기장치 정비, 앞에서 나열된 모든 기기들을 모두 연결하는 전자 장비 점검 등의 업무를 한다.

다음은 엔진 정비의 기본적 업무이다.

- 엔진의 구조와 작동 시스템에 따라 고장이 있는지를 점검한다.
- 엔진 진단장비를 이용하여 고장의 원인을 찾는다.
- 파악된 원인을 확인하고 절차에 따라 안전하게 수리한다.
- 엔진 부품이 고장 난 경우에 장비를 사용하여 규격에 맞는 부품으로 교체한다.
- 수리된 엔진의 정상 가동 상태를 확인한다.
- 점화 시스템 고장 진단 장비를 사용하여 고장 원인을 찾는다.
- 점화 장치 관련 부속품의 상태를 점검하고 필요시 교체한다.
- 점화 시스템의 회로를 조사하고 배선을 조정 · 수리한다.
- 점화 장치를 교환한 후 작동 상태와 성능을 검사한다.
- 연료 장치의 점검 시 안전작업절차에 따라 연료 장치를

검사한다.
- 연료 장치 작동 시스템에 따라 항목별로 고장 여부를 확인한다.
- 연료 장치 부품의 상태를 확인하고 필요한 경우 규격에 맞게 교체한다.
- 진단장비를 사용하여 연료 장치를 조정한다.
- 차종에 따른 전자제어시스템을 이해하고 전자제어 장치의 작동 상태를 점검한다.
- 진단장비를 사용하여 시스템 점검 목록에 따라 정확한 고장 원인을 찾아낸다.
- 전자제어시스템 부속품들의 상태를 확인하고 필요 시 규

격에 맞게 교체한다.

- 수리 후 진단장비를 사용하여 시스템이 정확하게 작동하는지 확인한다.
- 차종별 윤활장치 시스템을 진단장비를 사용하여 점검한다.
- 점검 목록에 따라 고장 원인을 찾아서 그 원인을 살핀다.
- 진단장비를 사용하여 윤활장치를 조정하거나 수리한다.
- 윤활장치 부속품의 상태를 살피고 필요 시 부품을 교체한다.
- 냉각장치를 점검하고 정확한 고장 원인을 찾아낸다.
- 냉각장치를 조정·수리한다.
- 차종별 냉각장치의 구조를 이해하고 순수에 따라 분해, 조정, 수리, 조립, 장착한다.
- 냉각장치를 점검하여 교환이 필요하면 규격에 맞는 제품으로 교환한다.

■ **전기·전자 정비**

엔진 정비가 기계 정비 쪽에 초점을 맞추고 있다면 전기 정비는 자동차를 이루는 전자 시스템에 대한 정비가 주이다. 엔진에서 만들어지는 에너지 중 일부는 전기 에너지로 전환되어 자동차의 세부 기기들을 움직이게 만든다. 때문에 전기 정비 또한 자동차 정비에 꼭 필요한 중요 정비요소이다.

자동차 내부에 배치된 전기 배선 및 엔진의 스위치인 시동 장치, 자동차의 속력 및 기타 계측 수치를 알려주는 계기판, 자동차의 이동 상태 등을 알려주는 비상등 및 방향등, 통풍 및 탑승객의 쾌적한 운행을 돕는 에어컨 등 냉·난방 장치, 자동차 보조 전원인 축전지의 구동여부를 살피는 업무를 한다.

다음은 전기·전자부문 정비의 기본 업무이다.

- 차종에 따라 시동 장치의 시스템을 이해하고 작동 상태를 점검한다.
- 고장 진단장비를 이용하여 고장 원인을 찾아낸다.
- 시동 장치 회로에 따라 안전수칙을 지키며 전기 흐름을 확인하고 문제가 발견되면 수리한다.
- 관련 부속품의 상태를 점검하고 필요하다면 규격에 맞게 교환한다.
- 수리 후 작동 상태를 점검한다.
- 점등 장치 회로도에 따라 상태를 육안으로 점검하고 필요 시 수리·조정 한다.
- 진단 장비를 사용하여 점등 회로를 점검하고 고장 원인을 찾아낸다.
- 필요할 경우 점등 장치 관련 부속품을 규격에 맞게 교환

한다.

- 수리나 교체 후 정상적으로 작동하는지 확인한다.
- 차종별 전기 · 전자 회로 시스템을 이해하고 관련 회로의
  상태를 점검한다.
- 진단장비를 사용하여 세부 점검 목록을 확인하고 절차에
  따라 고장 원인을 찾아낸다.
- 정비지침서에 따라 전기 · 전자 장치를 수리 조정한다.
- 필요할 경우 장비와 공구를 사용하여 관련 부속품을 교
  환한다.
- 수리 후, 진단 장비를 이용하여 전기 · 전자 회로를 검사
  하고 정상 작동을 확인한다.

- 진단장비를 사용하여 안전장치를 점검하고 필요한 경우 수리를 하거나 부품을 교체한다.
- 냉·난방장치를 점검하여 고장이 있는지를 조사한다.
- 진단장비를 사용하여 냉·난방장치의 정확한 고장원인을 찾아낸다.
- 냉·난방장치를 수리하든지 부속품을 교체한다..
- 교체 및 수리 후 정상적으로 작동하는지를 확인한다.

■ 차대(chassis) 정비

하체 정비라고도 말한다. 자동차의 성능 향상 및 운전자의 안전과 연관되는 장치들을 정비한다. 속도를 관리하는 클러치, 변속기 등 엔진에서 발생된 에너지를 바퀴로 전달하여 자동차를 달릴 수 있도록 하는 동력전달장치 정비, 브레이크 등 자동차의 속력에 관여하는 제동장치 정비, 핸들과 같이 자동차의 운동 방향을 결정하는 조향장치 정비, 운동 시 발생하는 충격 및 진동을 완충시키는 내부 스프링 등을 조정하는 현가장치 정비 등의 업무를 한다.
다음은 차대 정비의 기본적 업무이다.

- 조향 장치의 차종별 메커니즘을 파악하고 매뉴얼에 따라 작동상태를 조사하고 살핀다.
- 문제가 발견되면 장비를 사용하여 규정치에 맞추어 수

리 · 조정한다.

- 조향장치 관련 부속품들의 상태를 파악하고 필요한 경우에 교체한다.

- 수리나 교체 후 조향 장치가 정상적으로 작동하는지 확인한다.

- 차종별 제동 시스템에 따라 제동장치 및 제동 상태를 점검한다.

- 문제 발견 시 제동 장치의 세부 점검 목록에 따라 고장 원인을 찾아낸다.

- 차종 별 조정부품 및 규정치에 따라 공구를 사용하여 수리 · 조정한다.

- 필요한 경우 제동 장치 관련 부품을 규격에 맞추어 교환한다.
- 수리나 부품 교체 후 정상적으로 작동하는지를 확인한다.
- 차종 별 현가장치 시스템에 따라 작동 상태를 조사한다.
- 문제가 발생한 경우, 점검 목록을 확인하고 지정된 방식에 따라 고장 원인을 찾아낸다.
- 현가장치 부품들의 상태를 파악하여 필요 시 교체한다.
- 종류별 변속기의 메커니즘을 이해하고 작동 상태를 조사한다.
- 문제가 발견되면 변속기 장치에 대한 세부 점검 목록에 따라 고장 원인을 조사한다.
- 변속기의 메커니즘에 따라 규정치를 확인하고 장비를 사용하여 알맞게 조정한다.
- 조사결과에 따라 변속기나 그 부품을 매뉴얼에 따라 교체한다.
- 수리 후 변속기의 정상 작동 여부를 확인한다.
- 장비를 사용하여 휠 얼라이먼트를 점검한다.
- 휠 얼라이먼트 점검 세부 목록에 따라 고장 원인을 찾아내고 규정치대로 조정한다.
- 휠 얼라이먼트 관련 부품 상태를 확인하고 필요한 경우에 규격에 맞추어 교체한다.

▪ 차체(판금 · 도장) 정비

자동차 외관을 정비하는 일이다. 오래된 자동차나 파손된 자동차 등이 이상 없이 작동될 수 있도록 돕는 업무이다. 자동차의 뼈대인 프레임을 교정하거나 손상여부를 진단하는 차체판금 정비, 망가진 부위를 복원하는 복원수리, 패널 교정 및 용접, 차 외부를 도색하거나 흠집이 난 곳을 원상회복시키는 차체도장 정비 등의 업무를 한다.

다음은 판금과 도장에 관한 기본적 정비 활동들이다.

– 자동차 도장 상태를 살펴 결함이나 수리할 부분을 찾는다.
– 도장 상태에 따라 샌딩이나 리무버 작업을 실시한다.

- 자동차 도장 상태를 살펴 결함이나 수리할 부분을 찾는
  다.
- 도장 상태에 따라 샌딩이나 리무버 작업을 실시한다.
- 도막에 따라 연마지를 선택하고 장비와 재료를 사용하여
  손상부위에 따라 단을 낮춘다.
- 손상 부위와 기존 도장의 상태에 따라 광택, 부분도장,
  패널도장 또는 전체도장을 한다.
- 차종의 도장 상태에 따라 도료를 선택하며 장비를 사용
  하여 도장한다.
- 도장 작업의 난이도에 따라 비용과 시간을 계산한다.
- 도장할 부위와 도장하지 않을 부위를 정하고 도장하지

않을 부위에 마스킹을 한다.

- 손상부위의 상태에 따라 마스킹 재료를 선정하고 터널 마스킹, 리버스 마스킹, 스폰지 마스킹 등 마스킹 방법을 정한다.
- 에어브러쉬나 탈지제로 손상 부위의 오염물을 깨끗이 제거한다.
- 장비를 사용하여 도색 할 경우에 패턴 폭, 공기 압력, 토출량 등을 적절하게 조절하여 칠한다.
- 도장 상태를 살펴 가면서 시간적 간격을 두고 도장한다.
- 도료의 특성에 맞추어 권장 횟수만큼 도장한다.
- 차량별 색상표지판을 찾아 색상 코드를 확인한다.

- 도료의 배합표에 따라 배합하지만 색조와 관련해서는 도장 상태에 맞추어 조절한다.
- 건조 장비를 사용하여 도색을 건조시킨다.
- 도료의 특성에 따라 건조 시간이나 온도를 조절한다.
- 건조 상태를 검사하여 자동차 출고 시간을 정한다.
- 도장할 부분의 소재 종류에 따라 퍼티를 선택하고 양을 조절한다.
- 손상부위에 퍼티를 바른다.
- 연마가 가능할 때까지 건조시킨다.

3 기타 업무

자동차 정비사는 위와 같은 자동차 정비 수리 업무 이외에 다음과 같은 일도 한다.

■ **자동차 정기검사**
모든 자동차는 정기적으로 성능이 정상인지 문제가 없는지 등에 대하여 검사를 받아야 한다. 자동차 정비사는 이러한 정기검사의 일도 한다.
다음은 자동차 정기 검사에 관한 기본적 업무이다.

- 관능검사를 통해 자동차의 동일성을 확인하고, 차체, 엔진 등의 상태를 조사한다.
- 차종별 장치의 작동 상태를 조사한다.
- 차체의 상태를 파악하고 손상 부위와 정도를 조사한다.
- 자동차의 수리 내용을 확인한다.
- 관능검사를 통해 자동차 주요 사항을 파악하고 기록한다.
- 자동차관리법규에 따라 조향륜 옆 미끄럼량을 사이드슬립 측정기로 측정하여 판정한다.
- 타이어 공기압 상태를 파악하고 기타 변형 여부를 조사한다.
- 자동차의 제동력을 제동시험기로 측정하여 판정한다.

- 자동차 주행속도를 속도계 시험기로 측정하여 판정한다.
- 자동차의 전조등 상태를 조사 · 확인한다.
- 배출가스측정기, 매연측정기를 사용하여 자동차의 배기 가스 상태를 조사하여 판정한다.
- 자동차 구조 변경 승인 절차 및 자동차 관리 전산망을 통해 자동차의 구조 변경 업무를 행한다.
   - 자동차의 제원과 구조변경승인 제원과 일치하는지 여부를 확인하여 판정한다.
- 표준가스 및 표준지 등으로 영점 조정하여 검사기기의 정확성을 유지한다.
- 검사기기의 소모품을 교환하고 주기적으로 성능을 파악

하여 기기의 정확성을 유지해야 한다.

- 전기 · 전자 · 기계 등에 대한 기본적 지식과 테스터 장비 등으로 검사기기의 고장을 찾아내고 수리한다.
- 자동차관리법규 등에서 규정한 자동차의 검사 업무를 숙지해야 한다.
- 각종 경고등을 이해하고 작동 상태를 파악하여 이상 유무를 확인한다.
- 자동차의 원동기형식 및 차대번호가 자동차등록증과 일치하는지 확인한다.
- 관능검사로 자동차 상태를 확인하여 동일성 여부를 판단한다.
- 자동차관리전산망의 표기 관련 업무를 수행한다.
- 자동차 표기 항목과 관련하여 수정사항 발생 시 전산으로 수정한다.

■ **관리업무**

자동차정비사는 다음과 같은 관리 업무 능력도 필요하다.

- 고객의 요구사항 및 불만사항을 정확히 파악한다.
- 고객이 합리적인 결정을 할 수 있도록 자동차에 대한 정확한 정보를 제공한다.
- 정비 내용과 점검 결과에 대해 고객에게 충분히 설명한다.

- 손익계산서와 재무상태표, 현금흐름표 등의 항목 내용을 이해하고 작성한다.
- 일일결산을 통해 발생되는 매입 · 매출에 따른 손익을 계산한다.
- 매입 · 매출의 입 · 출금전표, 영수증, 세금계산서 등을 작성 · 발급하고 관리한다.
- 세금계산서를 계정별, 일자별로 관리한다.
- 세무신고는 관련법에 따라 기일 내에 처리하고 관리대장은 별도로 관리한다.
- 정비소의 일반폐기물과 특정폐기물을 분류하여 보관한다.

- 사업장에서 발생하는 폐기물을 관련 법률에 따라 처리한다.
- 폐기물 처리 후 관련 기록을 보관한다.
- 사업장뿐만 아니라 환경을 항상 청결하게 유지한다.
- 직원별 업무 내용과 업무량을 파악하여 업무 분장을 한다.
- 사업장 운영에 필요한 각 요소들을 세분화하여 매뉴얼을 작성한다.
- 사업장 운영과 관련된 항목의 주기별 점검표를 만든다.
- 부품이나 상품의 재고와 수요량을 조사하여 파악한다.
- 부품의 가격과 품질에 대한 정보를 파악한다.
- 부품 거래처를 정하고 영수증, 거래명세서 등을 통하여 매입관리를 한다.

3

자동차 정비소의 종류와 자동차 검사

자동차 정비소의 종류

자동차 정비소는 자동차의 특정 부분을 교체하거나 규정 값 이내에서 조정하여 수리하는 업소를 칭한다. 자동차 정비소는 등급에 따라 나뉘어져 있으며 자체적으로 업무를 진행하거나 보험사, 렌터카 등 관련 업체와 제휴하여 정기적으로 작업을 진행하는 곳도 있다. 이제부터 등급별 및 형태별로 다양하게 나누어지는 자동차 정비소의 종류를 살펴보도록 하자.

현행 자동차 관리법 시행령에 따르면 자동차 정비소는 총 4개 등급으로 구된다. 일정 설비 요건을 갖추고 해당 지역 시, 군, 구청에 등록 신청을 하여 인가를 받는다. 이때 부여받은 등급에 따라 가능한 정비 범위가 정해지게 된다.

① 자동차 종합 정비업

자동차와 관련된 거의 모든 정비를 받을 수 있는 곳이다. 건설 기계를 제외한 모든 차량을 정비, 부품교체, 점검, 수리할 수 있다. 과거 1급 자동차 정비소가 이에 해당되며 대개 자동차 종합 정비소라는 이름으로 운영된다. 법적인 요구되는 면적은 $1000m^3$이상이다.

2 소형 자동차 정비업

승용차와 1t미만의 경차, 소형차, 승합차, 화물차, 특수차 등의 정비, 부품교체, 점검, 수리 등을 담당한다. 옛 2급 자동차 정비소가 이에 포함되며 대개 공업사 및 카독크라는 이름으로 운영된다. 법적인 요구면적은 $400m^3$이상이다.

3 자동차 부분 정비업

경차, 소형차의 정비 및 부품교체, 점검, 수리 등을 담당한다. 간단한 차량 점검 및 클러치, 변속기, 차축, 조향핸들 등의 부분 정비는 가능하나 범위가 제한되어 있다. 엔진이나 판금 등 중요한 점검을 하는 것은 법적으로 금지되어 있다. 옛 3급 자동차 정비소가 이에 포함되며 대개 카센터라는 이름으로 운영된다. 법적인 요구면적은 $100m^3$이상이나 인구 기준에 비례하여 조정된다.

4 원동기전문 정비업

엔진만을 전문적으로 정비하는 곳이다. 옛 4급 자동차 정비소가 이에 포함된다. 법적인 요구 면적은 $300m^3$이상이다.

　위와 같은 구분 이외에 형태에 따라 개인 사업주가 자영업으로 직접 자동차 정비소를 운영하는 방식과 자동차 제조 기업에서 자체 직영 정비소 및 협력정비소를 운영하는 방식이 있다.

　만약 자동차 정비사를 장래희망으로 고려하고 있다면 이와 같은 업체 형태 중 원하는 방식을 선택하여 일을 할 수 있다.

 건설기계정비업

건설기계만을 전문적으로 수리하는 곳이다. 종합건설기계정비업과 부분 전문업으로 구분된다. 자동차 종합정비와 겸업을 하는 경우도 있다.

규모가 크고 조작이 까다로운 건설기계를 수리하려면 별도의 자격증이 필요하다. 자동차 정비사와 마찬가지로 기사, 산업기사, 기능장 등의 자격단계를 거친다.

각종 중장비의 내부 구조를 살펴보고 이상이 있을 시 해당 부위를 알맞게 수리한다. 더불어 주기적인 점검을 통해 혹시 모를 사고 및 이상을 예방한다. 자동차 정비사와 마찬가지로 육안으로 기기를 살펴본 뒤, 공구를 사용하여 내부 기기를 점검한다. 때로 직접 장비에 탑승하여 작동되는 순서에 따라 장비를 시운전하는 작업을 통해 이상 부위를 살펴보기도 한다.

주요 동력원인 엔진이 잘 작동되고 있는지를 먼저 살펴보고, 이후 연료가 이상 없이 주입되고 있는지, 혹시 누유가 되고 있지는 않은지를 점검한다. 이후 기기 내부에 있는 각 모터들을 점검하고, 실린더 및 밸브 등을 점검한다. 그밖에 전기를 사용하는 부위 및 중장비 내부의 각종 부품 및 기관들을 살펴보며 이상여부를 체크한다.

개인 자가 수리

자동차에 관심이 많은 개인이 직접 자동차를 수리하는 경우도 있다. 그러나 개인이 수리할 수 있는 범위가 제한되어 있음에 주의하자. 개인 수리 허용 범위는 주로 오일이나 필터, 배터리 전구 등을 교체하거나 세차, 냉각장치, 타이어 등 간단한 점검까지이다. 판금 도장이나 용접 등 과도한 개입을 하거나 상업적인 행위를 할 경우 무등록 정비업자로 간주되어 법적으로 처벌을 받을 수 있다.

자동차 검사

모든 자동차 등록자는 정기적으로 교통안전공단에서 실시하는 검사를 받아야 한다. 이 검사는 기본적인 안전도 및 불법 개조

여부를 살피고 초기 등록한 서류와 차이점이 있는지를 파악하여 원활한 운행 질서를 도모할 목적으로 실시되고 있다.

검사 내용은 정기검사, 종합검사, 신규 검사, 임시 검사, 구조 변경 검사, 택시미터 검정 등이 있다. 차종 및 목적에 따라 교통안전공단에서 지정하는 정비사업체를 방문하여 검사를 받아야 하며 검사 시기를 놓칠 시 차종에 따라 과태료가 부과된다.

검사에 따라 일정 수수료가 부과되나 특정 요건에 따라 감면 및 공제 혜택을 받을 수 있다.

매 검사 내용 및 세부사항은 교통안전공단의 규정에 따라 간혹 변경되기도 하므로 수시로 검사 내용을 확인하는 것이 좋다.

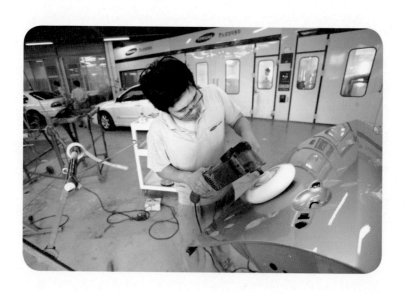

　자동차 검사의 기준은 보통 자동차관리법 시행규칙에 따라 검사 기준과 안전 기준에 적합한지 여부를 보아 7가지의 기기검사 및 조향륜 옆 미끄럼량, 배기가스 농도, 제동력 측정, 경적음 및 배기소음, 속도계 오차, 액화석유가스 누출, 전조등 및 광축, 주요 육안 검사 등을 실시한다. 그 외에 배출가스가 대기환경보전법에서 정한 허용 기준에 적합한지, 구조 및 장치를 임의로 변경했는지 등을 우선적으로 살핀다.

　자동차의 주행에 관련된 부분에서는 차축이나 휠이 휘거나 균열이 있는지, 타이어에 이상은 없는지, 주행을 관리하는 기기부의 용접이 제대로 되어 있고 제대로 작동하고 있는지, 기기를 변형하지는 않았는지, 해당 부위에 기름이 새고 있지는 않는지를 검사한다.

　차체 및 차대 부분에서는 자동차가 심하게 훼손되었거나 상하지는 않았는지를 살피며, 혹시 자동차가 견인된 적이 있다면 연결 부분이 손상되었는지, 화물차의 경우 유해 화학물이나 산업폐기물, 쓰레기 등을 운반 시 적재 장치가 망가지지는 않았는지 등을 살핀다.

　자동차의 등화장치에서는 전조등이나 방향 지시등이 제대로 작동하는지, 불량은 아닌지, 제대로 설치되어 있는지, 기준치에 알맞은지 등을 검사한다. 특히 택시 등의 영업차량은 점등장치가 제대로 작동하고 있는지를 꼼꼼히 살필 필요가 있다. 더불어 안전기준에 위배되는 등화장치를 불법 장착한 경우는 처벌을 받을 수 있다.

2 자동차 정기검사

자동차 정기검사는 자동차를 신규로 등록한 사람이라면 누구나 정기적으로 받아야 하는 검사이다. 초기에 등록된 차대번호 및 기타 정보와 현재 차량내용이 일치하는지, 타이어나 차축 등의 주행장치가 안전성 여부에 부합하는지, 자동차 주행 방향을 조정하는 기구 및 브레이크, 핸들 등의 내부 장치들이 알맞게 잘 이어져 있는지, 이상은 없는지, 연료가 새고 있지는 않은지, 배기가스 허용기준을 초과하지는 않았는지, 조명등이 제대로 빛을 발하고 있는지, 기타 미승인 구조물을 장착하거나 규격사항에 어긋나는 점이 있는지 등을 전체적으로 검사한다.

3 자동차 종합검사

대상 지역에 자동차를 등록하고 일정 시간이 지나면 정기적으로 받아야 하는 검사이다. 소방자동차 및 기타 조건에 부합하는 자

동차는 검사가 면제되기도 한다. 먼저 육안으로 자동차를 검사한 뒤 자동차 배기가스 분출여부에 대해 검사를 받는다. 부품이 제대로 작동하는지, 분출되는 가스들이 환경 기준에 부합하는지 등을 검사한다. 사용되는 연료에 따라 검사되는 항목이 다르다.

<table>
<tr><td>4</td><td>자동차 신규검사</td></tr>
</table>

자동차를 새로 등록할 때 하는 검사이다. 여객운수사업법이나 화물자동차 사업법에 의해 면허, 등록, 인가 혹은 신고가 실효되었거나 취소되어 말소한 경우, 수출을 위해 등록을 말소한 자동차, 특

정한 목적으로 사용하는 자동차, 등록된 차대번호와 실제 차대 번호가 다른 자동차, 기타 부정한 방법으로 등록이 말소된 자동차, 혹은 도난당한 자동차를 회수할 경우에 받는 검사이다. 위 다른 검사들과 마찬가지로 등록여부와 실제 자동차의 상태가 일치하는지 등을 검사한다.

5 자동차 임시검사

시, 군 구청장의 안전기준에 따라 지장이 있다고 판단되어 법에 의한 명령으로 실시되거나, 자동차 소유자의 신청으로 비정기적으로 실시되는 검사이다.

자동차의 구조 및 장치를 변경할 때 실시하는 검사이다. 검사를 신청한 뒤 승인된 내용과 관련하여 안전기준 및 신규 검사 기준 방법에 따라 부합하는지 여부를 검사한다.

택시요금미터를 사용하는 자동차들이 받는 검사이다. 정기검사 시 함께 실시하기도 하며, 사업용 택시의 차령을 연장하기 위해 실시하기도 한다. 지정된 봉인이 알맞게 붙어 있는지, 표기 및 표시가 확실하게 부착되어 있는지, 택시 미터기의 기본거리와 이후 거리의 허용 오차가 부합하는지, 구조 검정 기준에 적합한지 등을 검사한다.

국내 자동차 정비계의 특성과 자동차 산업의 미래

1 자동차 정비계 특성

미국의 경우 국토가 매우 방대하기에 대중교통만으로는 장거리 이동이 불가능한 경우가 많다. 때문에 자동차는 생활에 꼭 필요한 필수품이 되었으며 이에 비례하여 자동차 정비 및 연관 산업이 함께 발달하였다.

때문에 자동차 정비 시스템도 매우 체계적으로 갖춰져 있다. 한국에서는 자동차 수리비가 대개 일괄적으로 부여되는 데 비해 미국의 경우 작업부위 및 작업량, 주요 물량에 비례하여 각기 별도

자동차 사무의 지도, 감독

제4조(자동차관리 사무의 지도 · 감독) 국토교통부장관은 자동차관리에 관한 적절하고 효율적인 제도를 확립하고, 자동차관리 행정의 합리적인 발전을 도모하기 위하여 이 법에서 특별시장 · 광역시장 · 도지사 · 특별자치도지사(이하 "시 · 도지사"라 한다), 특별자치도지사 · 시장 · 군수 및 구청장(자치구의 구청장을 말한다. 이하 "시장 · 군수 · 구청장"이라 한다)의 권한으로 규정한 자동차관리에 관한 사무를 지도 · 감독한다.

로 수리비가 책정되어 있다. 예를 들자면 엔진 수리, 전기 수리, 판금 도장별로 각기 비용을 달리 구분한다. 이와 같은 수리 규격 공임표가 사무실에 비치되어 있기도 하다.

자동차 정비사의 임금 지급 방식에서도 차이가 있다. 우리나라는 작업량과 상관없이 급여가 일괄적으로 지급되지만, 미국의 경우는 커미션 제도를 통해 정비사의 업무량에 따라 임금이 다르다. 이와 같은 지급 방식은 정비사의 개인의 재량에 따라 급여 상승이 가능하다는 장점이 있지만 수요가 많으면서 커미션이 좋은 분야에 인원이 집중되어 상대적으로 어려운 분야의 인력이 부족할 수 있다는 단점이 있다.

정비사 교육 분야에서도 차이점이 있다. 한국은 자격증 취득 후에는 별다른 교육이 없어 오로지 현장 실무만으로 숙련도를 늘

려야 하는 한편 미국은 교육단체 및 자동차 회사에서 지원하는 정기적인 교육 시스템을 통해 현직 정비사들이 지속적으로 신기술 및 기타 교육 연수를 받을 수 있다.

2 자동차 산업의 미래

지구 온난화 및 화석 연료의 수급 불균형으로 세계 각국 및 기업들은 환경오염을 줄이기 위한 방편을 고려하고 있다. 자동차의 배기가스는 환경오염의 원인이기도 하며 석유를 원료로 하는 동력 기반은 자동차 연비 상승의 큰 이유이기도 하다. 때문에 자동차 산업 또한 환경을 고려하는 방향으로 변화하고 있다.

세계 자동차 산업은 배기가스 배출량을 줄이기 위해 신에너지를 사용하는 전기 자동차 및 수소 자동차, 하이브리드 자동차 등 각종 친환경 자동차를 개발하는데 힘쓰고 있으며 석유에너지 사용을 줄이기 위해 힘쓰고 있다.

더불어 날로 발전하는 신기술로 자동차 산업도 점차 스마트화되고 있다. 각종 통신 기술 및 IT기술이 자동차 산업과 융합하여 사용자의 편의를 도모하고 있다. 때문에 자동차 기존 전기, 전자 분야뿐 아니라 각종 IT 산업 기술자들이 자동차 산업으로 뛰어들고 있으며, 반대로 자동차 관련 종사자들도 해당 변화에 힘입어 직업 범위를 확장하기도 한다.

자동차 규모와 관련해서는 소형차 시장이 활발해지고 있다. 소비자들이 효율이 좋은 저가 소형차를 선호함에 따라 자동차 회사 역시 자동차 경량화 및 소형화 연구에 힘쓰기 시작했다.

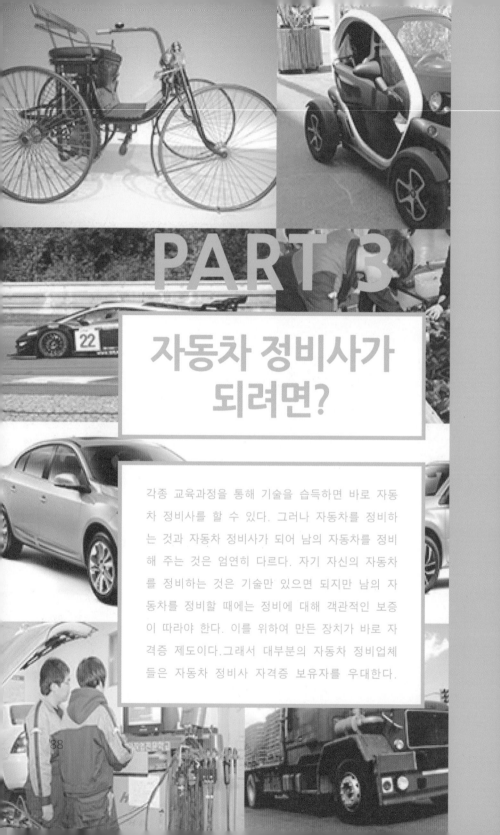

PART 3

자동차 정비사가 되려면?

각종 교육과정을 통해 기술을 습득하면 바로 자동차 정비사를 할 수 있다. 그러나 자동차를 정비하는 것과 자동차 정비사가 되어 남의 자동차를 정비해 주는 것은 엄연히 다르다. 자기 자신의 자동차를 정비하는 것은 기술만 있으면 되지만 남의 자동차를 정비할 때에는 정비에 대해 객관적인 보증이 따라야 한다. 이를 위하여 만든 장치가 바로 자격증 제도이다.그래서 대부분의 자동차 정비업체들은 자동차 정비사 자격증 보유자를 우대한다.

1

학교 교육기관을 통한 준비

앞의 1, 2장을 통해 자동차 정비사에 대해 전반적으로 이해했다면, 이제는 자동차 정비사가 되기 위한 과정을 알아볼 차례이다. 자동차는 여러 산업이 유기적으로 연관된 복합 산업물이기 때문에 자동차 및 자동차와 관련된 지식량 또한 매우 방대하며 이를 익히는 것만 해도 상당한 시간이 필요하다.

전국 고교 및 대학에서는 이와 관련된 학과들을 개설하여 이론뿐 아니라 실기부에 대해서도 체계적인 학습을 할 수 있는 발판을 마련하고 있다. 이러한 과정을 거치게 되면 공식적인 교육이수 여부가 증명되기 때문에 관련 자격증 취득 시에도 일정 부분 가산

이 되기도 한다.

그러나 비단 이러한 진학 시스템이 아니더라도 자동차 정비를 교육하는 학원 등의 시스템 등이 존재하니 추후에라도 관심이 생겼다면 다양한 기타 교육기관을 통해 해당 내용을 배울 수 있다.

또한 자동차에 관심이 많고 누구보다 자동차를 잘 이해하고 있다고 해도 그것은 매우 주관적인 기준이기 때문에 객관적인 검증 작업이 필요하다.

그래서 국가에서는 자격증 제도를 통해 일정 수준 이상 지식과 기술을 습득하여 자동차를 잘 정비할 수 있음을 판단하는 시험을 치르게 하여 객관적으로 공인된 자격증을 발부하고 있다. 해당 자격증을 얻게 되면 정식 자동차 정비 기사로 인정을 받게 되며, 이후에도 근무 기간이나 업무 숙련여부, 지식 및 기술 습득여부에 따라 상위 자격을 취득할 수 있다.

이 장에서는 자동차 정비사가 되기 위해 받아야 하는 전반적인 교육과정과 진학 정보, 정식 자동차 정비사가 되기 위해 받아야 하는 자격요건 및 향후 전망 등을 소개하니 자신에게 필요한 사항을 살펴보고 좀 더 자세한 정보를 얻도록 하자.

보통 자동차 정비사로 취직하는 데 나이나 학력에 대한 제한은 없는 편이다. 그러나 최소한 관련 업무에 대한 이해와 실무적인 기술을 습득하고 있어야 자동차 정비사가 될 수 있다. 우리나라에서는 보통 고교 과정부터 자동차 정비 기술을 배울 수 있다.

고등학교 과정

기계 관련 혹은 자동차 관련 학과를 전공하는 편이 좋다. 보통 주로 공업 계열 고등학교나 직업 전문학교에서 관련 학과들을 지원하고 있다. 해당 학과 공부를 마친 뒤 비슷한 계열 대학 학과에 진학하여 심층적인 공부를 하기도 하고, 남들보다 먼저 자격증을 취득하여 빠른 취직을 하기도 한다.

1 배우는 과목들

영어, 국어, 수학과 같은 보통 교과 이외에 다음과 같은 전문교과를 배운다. 전문교과는 이론 과목과 실습 과목으로 되어있다.

- **이론 과목**
  기본적인 자동차 이론 및 각종 기관, 전기에 대한 이론들을 배운다. 자동차 내, 외부를 구성하고 있는 부품명 및 기계 구동 방식 등을 충실히 숙지한다. 이때 전기안전수칙 및 기타 공구 사용방법 등도 함께 배운다.

- **실습 과목**
  이론부에서 익힌 내용들을 직접 실습하는 과정이다. 엔진을 비롯하여 자동차를 구성하는 다양한 부품을 공구를 사용하여 직접 분해, 조립, 제어해 보며 실무에 대한 감각을 익힌다.

자동차 관련 특성화고등학교 교육과정의 예
공업입문, 정보기술기초, 기초제도, 자동차기관 기초, 공작기계, 전기일반, 지동차기관정비, 자동차새시정비, 자동차 전기전자정비, 자동차 기관정비 응용, 자동차새시정비 응용, 자동차전기전자정비응용, 보험일반, 자동차 차체수리, 자동차 도장, 자동차 용접실습, 자동차 차체수리응용, 자동차 페인팅응용

다음은 자동차 관련 학과가 설립되어 있는 전국 고등학교 현황이다. 도표를 참고하여 관심이 있는 학교가 있다면 지원해 보자.

※ 학교별 주소들은 도로명 주소 변경정책에 따라 구 주소표기방식과 신 주소표기방식이 혼합 기재되어 있습니다. 더불어 상기 학과들은 교육정책에 따라 학과명 및 학과 구성이 변경될 수 있기에 변동에 따른 누락 및 신설학과의 누락이 있을 수 있습니다.

전국 자동차 정비 관련 고등학교

1. 서울특별시
   - 인덕공업고등학교
   - 서울공업고등학교
   - 성수공업고등학교
   - 신진과학기술고등학교
   - 용산공업고등학교
   - 휘경공업고등학교
   - 한양공업고등학교

2. 부산광역시
   - 동아공업고등학교
   - 부산자동차고등학교
   - 부산전자공업고등학교

3. 인천광역시
   - 인평자동차고등학교
   - 부평공업고등학교
   - 인천기계공업고등학교

4. 대전광역시
   - 대전공업고등학교

5. 대구광역시
   - 대구달서공업고등학교
   - 조일고등학교
   - 대구공업고등학교
   - 대구일마이스터고등학교

6. 광주광역시

- 광주전자공업고등학교
- 숭의고등학교

7. 경기도

- 경기자동차과학고등학교
- 동일공업고등학교
- 부천공업고등학교
- 산본공업고등학교
- 세경고등학교
- 수원공업고등학교
- 안중고등학교
- 의정부공업고등학교
- 전곡고등학교
- 평택기계공업고등학교

8. 강원도

- 강릉정보공업고등학교
- 태백기계공업고등학교
- 동광산업과학고등학교
- 소양고등학교
- 원주공업고등학교
- 춘천기계공업고등학교

9. 충청남도

- 논산공업고등학교
- 연무대기계공업고등학교
- 산서산공업고등학교
- 주산산업고등학교

10. 전라북도

- 줄포자동차공업고등학교
- 영선고등학교
- 장계공업고등학교
- 전주공업고등학교

11. 전라남도

- 고흥영주고등학교
- 순천공업고등학교
- 영광공업고등학교
- 진도실업고등학교

- 다향고등학교
- 여수공업고등학교
- 정남진산업고등학교

12. 경상북도

- 경북기계금속고등학교
- 김천생명과학고등학교
- 신라공업고등학교
- 청송자동차고등학교

- 금호공업고등학교
- 상산전자고등학교
- 상주공업고등학교

13. 경상남도

- 경남자동차고등학교
- 초계고등학교

- 김해건설공업고등학교
- 창녕슈퍼텍고등학교

14. 제주시

- 서귀포산업과학고등학교

전문대학과 일반대학 과정

고교 과정과 비슷하게 기계 및 자동차 관련 학과를 전공하면 좋다. 고교 과정에 비해 대학 과정에서는 전기, 전자 및 자동차의 구조에 대해 한층 심도 있는 교육을 받을 수 있다. 이미 고등학교 과정에서 자동차 정비에 관련된 교육을 받았다면 연관된 학과로 진출하여 더욱 폭넓은 지식을 습득한 뒤 진로 전망을 넓혀 보는 것도 좋은 방법이다.

자동차과, 자동차 공학과, 자동차 정비과, 기계공학과, 기계과, 전기전자 공학과, 전기전자과, 전기제어공학과, 전자공학과, 제어계측공학과, 제어계측과 등을 전공하면 좋다. 일반 대학 여러 기능대학에서 이러한 학과들을 지원하고 있다.

1 전문대학 관련 학과에서 배우는 과목들 예시

열역학, 재료역학, 유체역학, 자동차 기관, 자동차 섀시, 자동차 전기전자, 전기실습, 자동차 기관실습, 자동차 섀시실습, 자동차 요소설계, 자동차 제도실습, 자동차 정비실무, 검차실습, CAD실습, 기계공작법, 자동차 기초실습, 유압기계, 현장실습, 중장비 공학, 자동차 생산기술, 보험실무실습, 자동차 손해사정 및 견적, 자동차 공학개론, 자동차 개발공학실습, 자동차 검사공학, 기계공학 및 재료,

gpro/engineer, 자동차 차체도장, 자동차 소음진동, 자동차 통신시스템, 자동차 타이어

2 일반대학 관련학에서 배우는 과목들 예시

창의설계, 공업수학, 재료역학, 유체역학, 열역학, 동역학, 기계공작법, 기초공학실험, 정역학, 기초전기전자, 재료과학 및 실험, 프로그래밍 및 실습, 기구학 및 연습, 기계공작 및 실습, 기계제도 및 실습, 자동차동력공학, 기계요소설계, 자동제어, 계측공학 및 실험, 수치해석 및 연습, 시스템모델링, 시퀀스제어 및 실습, 열전달학, 자동차샤시공학, 컴퓨터이용 설계 및 제작, 기계설계공학, 기계재료학 및 실험, 냉동 및 공기조화, 디지털공학 및 실험, 로봇공학 및 실험, 마이크로프로세서응용 및 실험, 신뢰성공학, 유공압제어 및 실험, 진동공학, 형상모델링 및 조형, 현장실습, 기계시스템설계, 스마트자동차, 시스템시뮬레이션, 유체기계 및공력설계, 자동차 부품금형설계, 재료 강도학, 초소형 전자기계시스템, CAE 및 실습, NC공작기계 및 실험, 디지털제어 및 실험, 특수가공, 자동차역학 및 설계연습, 품질공학

다음은 전국 대학 자동차학과, 자동차공학, 자동차 정비 학과 등 자동차 관련 학과가 있는 대학교 현황을 정리해 놓았다. 일반 대

학과 전문대학을 포괄하여 기재했으니 도표를 참고하여 관심이 있는 학과가 있다면 진학을 고려해 보자.

또한 학과에 따라 자동차공학 등 자동차 전반에 대해 다루는 학과와 자동차 정비 부분을 심화하여 다루는 학과로 구분되는 경우도 있다.

※ 지면상의 이유로 자동차 관련 대학정보란에는 위치 및 기타 정보를 기재하지 않으니 자세한 정보는 해당 학교를 통해 알아보시기 바랍니다. 더불어 상기 학과들은 교육정책에 따라 학과명 및 학과 구성, 소속 캠퍼스 위치 등이 변경될 수 있습니다. 이와 같은 변동사항에 따라 위 기재 내용에 차이가 있거나 일부 누락이 있을 수 있습니다.

전국 자동차 정비 관련 대학교

1. 서울특별시
   - 국민대학교
   - 서일대학교
   - 한양대학교
   - 서울과학기술대학교
   - 인덕대학교
   - 한국폴리텍대학(서울정수캠퍼스)

2. 부산광역시
   - 경남정보대학교
   - 동부산대학교
   - 동주대학교
   - 부산과학기술대학교
   - 한국폴리텍대학(부산캠퍼스)
   - 동명대학교
   - 동의과학대학교
   - 경성대학교
   - 신라대학교

3. 인천광역시
   - 인하공업전문대학교
   - 한국폴리텍대학(인천캠퍼스)

4. 대전광역시
   - 대덕대학교
   - 우송정보대학교

5. 대구광역시
   - 계명대학교
   - 대구공업대학교
   - 한국폴리텍대학(달성캠퍼스)
   - 경북대학교
   - 영남이공대학교

6. 광주광역시
   - 광주대학교
   - 서영대학교
   - 조선대학교
   - 남부대학교
   - 송원대학교
   - 조선이공대학교

- 호남대학교
- 한국폴리텍대학(광주캠퍼스)

7. 울산광역시

- 울산대학교

8. 경기도

- 경기과학기술대학교
- 국제대학교
- 대림대학교
- 동서울대학교
- 두원공과대학교
- 서정대학교
- 신한대학교
- 수원과학대학교
- 여주대학교
- 오산대학교
- 평택대학교
- 용인송담대학교

9. 강원도

- 강릉원주대학교(원주캠퍼스)
- 강원대학교(삼척캠퍼스)
- 상지영서대학교
- 세경대학교
- 한라대학교(본교)
- 한중대학교

10. 충청북도

- 강동대학교
- 대원대학교
- 유원대학교
- 충북도립대학교
- 충북보건과학대학교
- 충청대학교
- 한국교통대학교

11. 충청남도

- 공주대학교
- 선문대학교
- 신성대학교
- 순천향대학교
- 중부대학교
- 아주자동차대학교
- 호서대학교(본교)
- 한국폴리텍대학(아산캠퍼스)

12. 전라북도

- 군산대학교
- 우석대학교(본교)
- 서해대학교
- 전주대학교(본교)
- 호원대학교(본교)
- 군장대학교
- 원광대학교(본교)
- 전북대학교
- 전주비전대학교

13. 전라남도

- 목포과학대학교
- 전남과학대학교
- 순천제일대학교
- 전남도립대학교

14. 경상북도

- 가톨릭상지대학교
- 경북보건대학교
- 구미대학교
- 대구미래대학교
- 안동대학교
- 경북도립대학교
- 경일대학교
- 대구가톨릭대학교(효성캠퍼스)
- 안동과학대학교
- 영남대학교

15. 경상남도

- 경남과학기술대학교(본교)
- 동원과학기술대학교
- 연암공과대학교
- 인제대학교(김해캠퍼스)
- 한국국제대학교(본교)
- 김해대학교
- 경남도립거창대학교
- 마산대학교
- 영산대학교
- 창원문성대학교
- 한국폴리텍대학(창원캠퍼스)

16. 세종특별자치시

- 홍익대학교(세종캠퍼스)

17. 제주특별자치도

- 제주국제대학교(본교)

2 기타 교육기관을 통한 준비

1 학원과정

관련 전공자가 아니라면 도처에 개설된 직업 훈련기관이나 사설 학원 등에서 교육을 받을 수 있다. 이 외에도 자동차 회사에 입사하여 사내 자동차 정비 관련 교육을 받는 방법도 있다. 관련 자격증을 빠르게 습득하기 위해 필요한 내용들을 속성으로 교육하기도 하며, 때에 따라 학교 과정과 비슷한 방식으로 교육을 시키기도 한다.

2 국비교육과정

다양한 국가기관 및 학원에서 직장인 및 실직자를 대상으로 한 국비 교육 시스템을 지원하고 있다. 해당 시, 도, 구청에서 다양한 방식으로 각종 교육을 실시하며, 때에 따라 소요되는 비용을 돌려주거나 무상으로 제공하기도 한다. 더불어 국가적으로 실시되는 계획이기에 향후 취업여부까지 책임지는 시스템 등도 존재한다. 형태가 매우 다양하므로 자신에게 알맞은 교육 시스템을 찾아보는 편이 좋다.

3 기타

자동차 생산 기업에서 직접 교육훈련소를 개설하는 경우도 있다. 우리나라의 경우 현대자동차 직업훈련소(현대직업전문학교)가 대표적이라고 할 수 있다.

3

자동차 정비사
자격증 제도

각종 교육과정을 통해 기술을 습득하면 바로 자동차 정비사를 할 수 있다. 그러나 자동차를 정비하는 것과 자동차 정비사가 되어 남의 자동차를 정비해 주는 것은 엄연히 다르다. 자기 자신의 자동차를 정비하는 것은 기술만 있으면 되지만 남의 자동차를 정비할 때에는 정비에 대해 객관적인 보증이 따라야 한다. 이를 위하여 만든 장치가 바로 자격증 제도이다.

그래서 대부분의 자동차 정비업체들은 자동차 정비사 자격증 보유자를 우대하며, 때로는 채용의 필수적인 조건이 되기도 한다.

때문에 자동차 정비사가 되고 싶다면 관련 자격증을 따 두는

편이 취업에 유리하다. 자동차 관련 자격증은 분야에 따라 다양하게 나누어진다. 상세한 구분은 다음과 같다.

자동차정비 기능사

기본적인 자동차 정비 관련 자격증이다. 자동차에 이상이 있을 경우 원인을 찾아내어 알맞게 수리, 정비할 수 있는 업무 자격증이다. 한국 산업인력공단 주최로 연 4~5회 정도 정기 시험이 개최되며 필기에 합격하게 되면 실기 시험을 치게 된다.

원서 접수는 시험 일정보다 보름에서 한 달 정도 먼저 앞서 진행되며, 접수일은 평균 일 주일 정도이다. 일정의 수수료가 있다.

자세한 시험 일정은 관련 홈페이지 및 각 시험 관련 문의처에서 확인할 수 있다. 관련 홈페이지에서 이전 년도 기출문제를 확인할 수 있으니 참조하면 좋다.

- **응시자격**

  기능사 자격증 시험에는 응시 자격이 없으며, 취득 후 동일 분야에서 1년 이상 종사하게 되면 자동적으로 산업기사 시험에 응시할 수 있다. 3년 이상 종사자는 기사 시험에 응시할 수 있다. 7년 이상 종사자는 기능장 시험 응시 자격이 주어진다. 더불어 필기시험에 합격한 자에 한하여 2년간 필기시험을 면제해주기에 한번 필기에 합격하면 일정 기간 동안은 실기시험부터 바로 진행할 수 있다.

자동차정비 산업기사

자동차 기능사보다 비슷하거나 한 단계 올라간 자격증이다. 자동차 정비에 대한 기초적인 이론과 기술을 인정받는 기능 인력 자격보다는 훨씬 수준 높은 이론과 숙련된 기술을 요구하는 자격증이다.

한국 산업인력공단 주최로 연 3회 정도 정기 시험이 개최되며

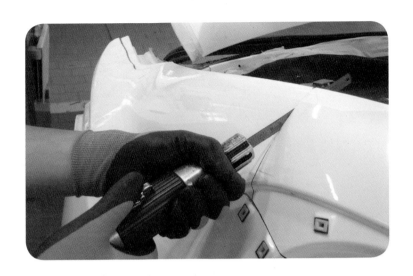

필기에 합격하게 되면 실기시험을 치게 된다. 원서 접수는 시험 일정보다 보름에서 한 달 정도 먼저 앞서 진행되며, 접수일은 평균 일주일 정도이다. 일정의 수수료가 있다.

필기시험은 객관식 4지선다 문형으로 출제되며, 과목은 일반 기계공학, 자동차기관, 자동차 섀시, 자동차 전기 과목 총 4가지이다. 과목당 평균 20문항이 출제되며 시간은 30분 정도 소요된다. 100점 만점을 기준으로 과목당 40점 이상, 전 과목 평균 60점 이상이 되면 합격하게 된다. 필기시험에 합격한 자에 한하여 2년간 필기시험을 면제해 준다.

실기시험은 자동차 정비 작업을 보게 되며 6시간 정도 소요된다. 100점 만점 기준으로 60점 이상이 되면 합격하게 된다. 2012년

기준으로 시험 내용이 일부 변경됐으니 출제처에서 자세한 참조를 권장한다.

산업기사 자격증 취득 후 동일 분야에서 1년 이상 종사하게 되면 자동으로 기사 시험에 응시할 수 있으며, 5년 이상 종사자는 기능장 시험 응시 자격이 주어진다.

■ 응시자격

기술자격 소지자의 경우 동일 종목이나 외국 자격 취득자 혹은, 비슷한 분야의 산업기사는 해당 시험에 응시 자격이 주어진다.

기능사의 경우는 1년 이상 업무에 종사한 경우가 산업기사 취득 자격을 얻는다. 그 외 해당 분야 기능 경기대회 입상자도 응시 자격을 얻을 수 있다.

전문대학 관련학과 졸업자 및 졸업 예정자로서 산업기사 수준의 훈련과정 이수자도 해당 시험에 응시할 자격을 얻는다.

관련학과로는 전문대학 이상의 학교에 개설되어 있는 자동차과, 자동차 공학과, 자동차기계과, 기계자동차과, 자동차정비과, 카일렉트로닉스과, 기계공학과, 기계과, 기계설계과 등이 있다. 이와 관련된 기준은 산업인력공단의 규정에 따라 일부 변경될 수 있기에 해당 시험처에서 정확한 정보를 확인하는 편이 좋다.

산업기사 응시자격

산업기사 : 다음 각 호의 1에 해당하는 자

1. 기능사 등급 이상의 자격을 취득한 후 응시하고자 하는 종목이 속하는 동일 직무분야에서 1년 이상 실무에 종사한 자

2. 응시하고자 하는 종목이 속하는 동일직무분야의 다른 종목의 산업기사 등급 이상의 자격을 취득한 자

3. 관련학과의 2년제 또는 3년제 전문대학 졸업자 등 또는 그 졸업예정자

4. 대학졸업자 등 또는 그 졸업예정자

5. 3년제 전문대학 졸업자 등으로서 졸업 후 응시하고자 하는 종목이 속하는 동일직무분야에서 6월 이상 실무에 종사한 자

6. 2년제 전문대학 졸업자 등으로서 졸업 후 응시하고자 하는 종목이 속하는 동일직무분야에서 1년 이상 실무에 종사한 자

7. 산업기사 수준의 기술훈련과정 이수자 또는 그 이수예정자

8. 응시하고자 하는 종목이 속하는 동일직무분야에서 2년 이상 실무에 종사한 자

9. 노동부령이 정하는 기능경기대회 입상자

10. 외국에서 동일한 종목에 해당하는 자격을 취득한 자

자동차정비 기사

산업기사보다 수준이 한 단계 높은 자격증으로 보다 체계적인 업무 기술과 지식을 요구한다. 한국 산업인력공단 주최 하에 연 3회 정도 정기 시험이 개최되며 필기에 합격하게 되면 실기시험을 치게 된다. 원서 접수는 시험 일정보다 보름에서 한 달 정도 먼저 앞서 진행되며, 접수일은 평균 일 주일 정도이다. 일정의 수수료가 있다.

필기시험은 위와 마찬가지로 객관식 4지선다 문형으로 출제되며, 과목은 일반기계공학, 기계열역학, 자동차 기관, 자동차 섀시, 자동차 전기 총 5가지이다.

과목당 평균 20문항이 출제되며 시간은 30분 정도 소요된다. 100점 만점을 기준으로 과목 당 40점 이상, 전 과목 평균 60점 이상이 되면 합격하게 된다.

실기시험은 자동차 정비에 대한 필답과 작업을 복합적으로 연계하여 치러진다.

필답은 보통 1시간 30분 정도 소요되고, 작업은 6시간 정도 소요된다. 필답 50점 만점, 작업 50점 만점을 기준으로 100점 만점에서 60점 이상을 얻게 되면 시험에 합격한다.

이전에는 자동차 검사 기사와 자동차 정비 기사로 나누어져 있었으나 2012년부터는 두 분야를 통합하여 자격시험이 실시되고 있다. 더불어 2012년 기준으로 시험 내용이 일부 변경됐으니 출제

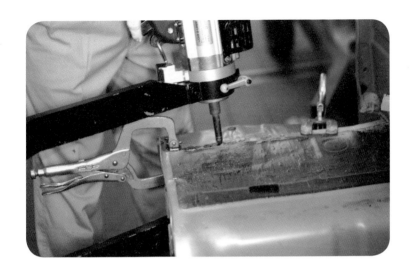

처에서 자세한 정보를 알아보기 바란다. 위와 마찬가지로 필기시험에 합격한 자에 한하여 2년간 필기시험을 면제해 주기에 한번 필기에 합격하면 일정 기간 동안은 실기 시험부터 바로 진행할 수 있다.

- **응시자격**

  기술 자격증 소지자의 경우 비슷한 분야의 기사 및 기능사로 업무에 일정 기간 종사했을 경우 혹은 동일 종목의 외국 자격 취득자는 바로 기사 시험에 도전할 수 있다.

  산업기사 자격증 취득 후 1년, 기능사 자격 취득 후 3년 동안 업무에 종사해야 시험 응시 자격을 얻을 수 있다.

  관련학과 졸업자도 해당 시험에 응시할 자격을 얻는다. 이

와 관련된 학과로는 4년제 대학교 이상의 학교에 개설되어
있는 자동차과, 자동차 정비과, 카일렉트로닉스과, 기계공
학과, 기계과, 기계설계과 등이 있다.

학과 규정에 따라 내용이 수시로 변경되므로 해당 학과에
매해 문의하여 정확한 확인을 하는 편이 좋다.

그 외로는 기사 수준의 훈련 과정 이수자 및 산업기사 수준
의 훈련과정 이수자도 포함되나 일정한 복무 기간을 보내
고 그것을 증명하는 자료가 필요하다. 이와 관련된 기준 역
시 해당 시험처에서 지정한 정확한 규정을 확인하는 편이
좋다.

산업기사 응시자격

3. 기사 : 다음 각 호의 1에 해당하는 자

가. 산업기사의 자격을 취득한 후 응시하고자 하는 종목이 속하는 동일직무분야에서 1년 이상 실무에 종사한 자

나. 기능사자격을 취득한 후 응시하고자 하는 종목이 속하는 동일직무분야에서 3년 이상 실무에 종사한 자

다. 다른 종목의 기사의 자격을 취득한 자

라. 대학졸업자 등 또는 그 졸업예정자(4학년에 재학 중인 자 또는 3학년 수료 후 중퇴자를 포함한다)

마. 전문대학 졸업자 등으로서 졸업 후 응시하고자 하는 종목이 속하는 동일직무분야에서 2년 이상 실무에 종사한 자

※ 4년제 대학 전 과정의 2분의1이상을 마치고 2년 이상 실무에 종사한 자도 포함

바. 기술자격 종목별로 산업기사의 수준에 해당하는 교육훈련을 실시하는 기관으로서 노동부령이 정하는 교육훈련기관의 기술훈련과정을 이수한 자로서 이수 후 동일 직무분야에서 2년 이상 실무에 종사한 자

사. 기술자격 종목별로 기사의 수준에 해당하는 교육훈련을 실시하는 기관으로서 노동부령이 정하는 교육훈련기관의 기술훈련과정을 이수한 자 또는 그 이수예정자

아. 응시하고자 하는 종목이 속하는 동일 직무분야에서 4년 이상 실무에 종사한 자

자. 외국에서 동일한 등급 및 종목에 해당하는 자격을 취득한 자

차. 학점 인정 등에 관한 법률 제8조의 규정에 의하여 대학졸업자와 동등 이상의 학력을 인정받은 자 또는 동법 제7조의 규정에 의하여 106학점 이상

을 인정받은 자

※ 정규대학 재학(휴학) 중 인자는 해당되지 않음
(학점인정 법률에 의한 학점 이수자는 고등교육법에 의거 정규대학에 재학
또는 휴학 중인 자는 해당되지 않음)

카. 학점인정 등에 관한 법률 제8조의 규정에 의하여 전문대학졸업자와 동
등 이상의 학력을 인정받은 자로서 응시하고자 하는 종목이 속하는 동일직
무분야에서 2년 이상 실무에 종사한 자

자동차정비 기능장

자동차 정비 분야에서 가장 고도의 기술과 지식을 요하는 자
격이다. 현장실무를 비롯하여 각종 관리 및 감독, 지도 등의 업무를
겸한다. 한국 산업인력공단 주최 하에 연 2회 정도 정기 시험이 개
최되며 필기에 합격하게 되면 실기 시험을 치게 된다. 원서 접수는
시험 일정보다 보름에서 한 달 정도 먼저 앞서 진행되며, 접수일은
평균 일 주일 정도이다. 일정의 수수료가 있다.

필기는 자동차 공학, 자동차 전기전자정비, 자동차 섀시정비,
자동차 기관정비, 자동차 차체정비, 공업경영 등 전반적인 내용을
살피는 전과목 혼합형이다. 객관식 60문항으로 총 60분 정도 소요
된다. 100점 만점 중 60점 이상을 얻게 되면 시험에 합격한다. 필기

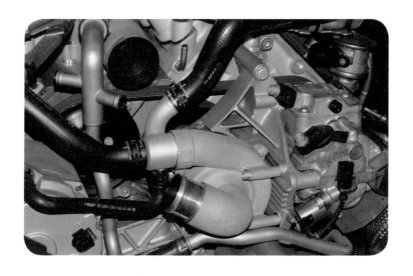

시험에 합격한 자에 한하여 2년간 필기시험을 면제해 준다.

실기는 자동차정비 실무를 살피게 되며 1시간 30분 가량 소요되는 필답과 6시간 30분 정도 소요되는 작업 실기를 함께 치른다. 마찬가지로 100점 만점에서 60점 이상을 얻어야 시험에 합격할 수 있다. 자동차정비에 관한 최상급의 숙련기능여부와 현장의 지도 및 감독 등을 살피는 중간 관리자의 역할을 잘 수행할 수 있는지 직무 수행능력을 평가하게 된다.

■ **응시자격**

기술자격 소지자의 경우 동일하거나 유사한 분야의 기능장일 경우 시험 응시 자격을 얻는다. 이때 해당 분야는 경영

이나 회계 혹은 사무업무 중 생산관리, 건설, 재료, 화학, 전기 · 전자, 정보통신 중 방송무선, 통신, 안전관리, 환경 · 에너지 등에서 종사할 경우이다.

그 외 산업기사나 기능사 자격증 취득 후 일정 시간 업무에 종사했을 경우도 응시 자격이 있다. 산업기사의 경우 6년, 기능사의 경우 8년이 소요된다. 그밖에 동일하거나 유사 분야에서 9년 이상 종사한 경우에도 응시 자격이 부여된다.

외국 자격 취득자나 관련 학과 학생 중 해당 직무 분야의 산업기사, 혹은 기능사 자격증 취득자 중 기능대학 기능장 과정을 이수했거나 이수 예정자도 시험 응시 자격을 얻는다. 여기에서 관련 학과는 실업계 고등학교의 자동차 관련 학과이다. 해당 시험처에서 정확한 규정을 확인하는 편이 좋다.

자격시험 구분표

자격종류	분류	시행기관	응시자격
자동차 기능사	국가기술자격증	한국 산업인력공단	제한 없음
자동차 산업기사	국가기술자격증	한국 산업인력공단	제한 없음
자동차 기사	국가기술자격증	한국 산업인력공단	제한 없음
자동차 정비기능사	국가기술자격증	한국 산업인력공단	제한 없음

기능장 응시자격

기능장 : 다음 각 호 의 1에 해당하는 자

1. 응시하고자 하는 종목이 속하는 동일 직무 분야의 산업 기사 또는 기능사의 자격을 취득한 후 기능대학법에 의하여 설립된 기능 대학의 기능장 과정을 이수한 자 또는 그 이수 예정자

2. 산업기사의 자격을 취득한 후 동일 직무분야에서 6년 이상 실무에 종사한 자

3. 기능사의 자격을 취득한 후 응시하고자 하는 종목이 속하는 동일 직무 분야에서 8년 이상 실무에 종사한 자

4. 응시하고자 하는 종목이 속하는 동일 직무분야에서 11년 이상 실무에 종사한 자

5. 외국에서 동일한 등급 및 종목에 해당하는 자격을 취득한 자

4

진로

  자동차와 관련된 곳이라면 어디든 진로를 고려할 수 있다. 자격증 취득 후에는 국내 도처에 있는 자동차 정비 업소에서 근무하게 된다. 그밖에 자동차 정비 공장 및 부품 대리점, 자동차 검사원 등으로 진출하기도 한다. 더불어 자동차 생산업체 및 튜닝 업소, 손해보험회사, 모터스포츠 분야에서 재량을 뽐내기도 한다.

  그밖에 자동차 정비 관련 교육기관에서 근무하는 교육원이나 학교 교수 등 관련 분야의 기술교육 업무를 담당하거나 중고차 매매업 등으로 방향을 전환하기도 한다.

  업체에 취직을 하는 경우와 달리 직접 사업자 등록을 하여 창업을 하는 경우도 있다.

자동차와 안전

자동차가 보편화되던 초기에는 자동차 수리에 대한 개념이 지금보다 부족했고, 지금과 같은 안전 규칙도 없었다. 사람들은 자동차에 대한 간단한 기술 교육만을 받은 뒤 바로 자동차를 운전했고, 지금처럼 자동차를 운전할 수 있는 면허를 소지한 사람만이 자동차를 운행할 수 있다는 의식도 없었다. 자동차를 소유한 귀족층은 옛 마부를 부리듯이 하인을 시켜 자동차를 운전하게끔 하는 일도 부지기수였다.

초기 운전자들은 자동차의 자잘한 고장을 인지하지 못하는 경우가 많았다. 차량 정비 또한 게을리 했기 때문에 자잘한 사고가 잇달았다. 더불어 자동차를 일종의 소모품처럼 여겨 내구도가 떨어지면 사용하던 자동차를 버리고 새 자동차를 사는 경우도 부지기수였다.

당연히 자동차를 정비해야 한다는 인식도 없었고, 제조상태가 불량임에도 그대로 판매되는 자동차들도 있었다. 때문에 위와 같은 연유들로 수많은 교통사고 및 인명 피해가 일어났다. 이에 따라 안전벨트를 비롯하여 자동차 안전 시스템 및 자동차 운행에 대한 규제 및 자동차 점검 및 수리에 대한 규제들이 점차 만들어지기 시작했다.

지금과 같은 도로교통법 및 자동차 관리법이 갖춰지기 시작한 것은 이와 같은 시행착오들에서부터 비롯된 것이다. 더불어 자동차 회사에서 신차를 출시할 때에는 기본적인 안전성 검사를 거친 뒤에야 출고가 가능하게끔 만들었으며, 이상이 있을 시에는 해당 자동차의 판매를 금지하게끔 하기도 한다. 그밖에 각종 단체들에서 자동차 안전 검사를 지원하고 있기도 하다.

자동차 판매량이 증가하는 만큼 매년 자동차 사고들도 증가하고 있다. 자동차 사고는 운전자 본인 및 탑승자의 생명을 위협할뿐더러 때에 따라 대규모 사고로 이어질 수도 있다. 해외에서는 매년 4만 명 이상이 매해 자동차 사고로 목숨을 잃고 있으며, 우리나라의 경우는 1만 명 정도이다. 더불어 중국이나 인도 등도 국가성장과 더불어 자동차 이용이 증가함에 따라 자동차 사고 건수가 늘어나고 있다. 특히 도로교통 관련 규제가 체계화되지 않은 개발도상국 등에서는 이러한 사고들이 더욱 빈번하게 일어난다고 한다.

자동차 제조 회사들에서는 이러한 사고들을 방지하기 위해 각종 사고 예방과 관련된 연구를 계속하고 있다. 초기에는 브레이크의 성능 향상에 주안점을 두고 연구한 끝에 예전에 비해 감속 효과를 상승시킬 수 있었다. 이후로는 에어백 및 소개 등 충격 흡수에 대한 연구를 진행하였으며, 최근에는 충돌 방지와 사고 예방 등에 초점을 맞추는 등 다방면에서 연구가 계속되고 있다. 최근 스마트카 등에서 이상 발생 시 자동으로 자동차를 제어하는 시스템을 도입하려 하는 것도 이와 같은 맥락에서이다.

그러나 무엇보다 중요한 것은 자동차를 운전하는 주체인 사람의 주의이다. 사람은 자유롭기 때문에 완벽하지 못하고 언제나 실수를 저지를 수 있다. 그러므로 사람이 직접 운전하는 자동차 역시 늘 사고의 위험에서 벗어날 수 없다. 설사 운전자 본인이 만반의 태도를 갖추고 자동차를 운전한다 해도, 누군가의 실수가 그 사람을 위험에 처하게 할 수 있기 때문이다.

더불어 자동차 구조의 특성도 문제가 된다. 자동차는 기본적으로 가속을 하여 운행하는 물체이다. 이때 속력을 조절하거나 운동을 멈추기 위해 브레이크를 밟는다 해도 노면과의 마찰력 때문에 차량이 완벽하게 정지할 때까지는 시간이 소요된다.

문제가 일어나서 급브레이크를 밟는다 해도 쉽게 차량을 멈출 수 없어서 불의의 사고를 당하는 경우를 종종 보았을 것이다. 정비사가 아무리 출중하게 차량을 정비한다 한들 이와 같은 문제들로 인해 자동차 사고는 완벽하게 막을 수는 없다. 때문에 운전자는 늘 안전에 주의를 기울여야 하며, 자동차 정비사는 맡은 자동차가 안전하게 운행될 수 있도록 최선을 다해야 한다.

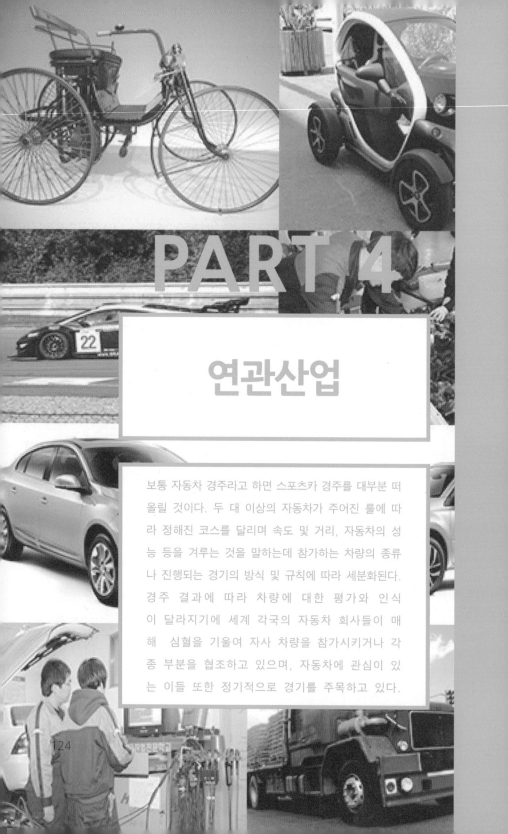

PART 4

연관산업

보통 자동차 경주라고 하면 스포츠카 경주를 대부분 떠올릴 것이다. 두 대 이상의 자동차가 주어진 룰에 따라 정해진 코스를 달리며 속도 및 거리, 자동차의 성능 등을 겨루는 것을 말하는데 참가하는 차량의 종류나 진행되는 경기의 방식 및 규칙에 따라 세분화된다. 경주 결과에 따라 차량에 대한 평가와 인식이 달라지기에 세계 각국의 자동차 회사들이 매해 심혈을 기울여 자사 차량을 참가시키거나 각종 부분을 협조하고 있으며, 자동차에 관심이 있는 이들 또한 정기적으로 경기를 주목하고 있다.

자동차 튜닝

1

자동차 정비사는 기본적으로 자동차 정비소에서 근무를 하는 것이 보편적이지만 연관 산업에 따라 다양한 갈래로 진출하기도 한다. 보통은 자동차 정비소를 직접 창업하는 등의 개인 사업자 등이 보편적이지만, 상황에 따라 연관 산업으로 밟을 넓히기도 한다.

최근에는 튜닝 산업이 정부의 인식 변화를 통해 각광받게 되면서 자동차 정비와 튜닝 업무를 겸하는 경우가 늘어나고 있다. 튜닝 업무는 자동차를 개조, 변형시키는 작업이기 때문에 기본적으로 자동차를 잘 이해하고 정비할 수 있어야 한다.

실용적인 용도로 사용되는 자동차 외에 자동차 자체의 매력을

발산할 수 있도록 하는 모터스포츠 분야 또한 자동차 정비사의 업무 범주가 된다. 정비사는 레이서와 더불어 자동차가 그 자체의 순수한 매력을 마음껏 드러낼 수 있도록 하는데 매우 중요한 역할을 하고 있기 때문이다.

더불어 자동차 못지않게 우리 생활에서 중요한 역할을 하고 있는 모터사이클도 자동차 정비사의 손이 미칠 수 있다. 대부분의 모터사이클은 자동차와 동일하거나 비슷한 동력 기관을 사용하며 내부 구조 또한 자동차와 유사하기 때문이다. 실제로 자동차 정비업에서 모터사이클 정비를 겸하는 경우도 많다.

그밖에 산업 동향이 변화하면서 친환경 신소재로 만들어지는 하이브리드 자동차나 IT산업과 융합하여 새로운 형태의 자동차인 스마트카에 대한 연구가 활발하게 이루어지고 있다.

이에 발맞추어 자동차 정비사 또한 새로운 영역들로 업무를 확장할 수 있는 기회가 주어지고 있다.

이 장에서는 자동차와 관련된 여러 산업들을 통해 자동차 정비 업무를 기반으로 한 다양한 진로 설계에 도움을 주고자 한다. 관련 산업들을 살펴보고 향후 직업 진출 방향에 대해 깊이 생각해 보도록 하자.

기본적인 정비 업무 외에 자동차 소유자의 취향과 미적 감각에 따라 자동차의 외관을 꾸미거나, 내부 성능을 향상시키기 위해 자동차 구조의 일부를 변경하는 작업을 튜닝이라 한다.

자동차 등록을 마친 자동차만이 튜닝을 할 수 있다. 자동차 튜닝을 담당하는 정비원을 튜너라고 하는데 자동차 소유주의 변경 목적에 따라 자동차를 개조하는 업무를 담당한다. 자동차 튜너 역시 자동차와 관련된 전문 지식과 기술을 가져야 한다.

튜닝의 종류

크게는 자동차의 내부 성능 및 안전성 여부에 관련하여 기술적인 부분을 조율하는 성능 튜닝과 자동차 소유자의 미적 감각에 맞추어 외관을 조율하는 드레스업(Dress-up)튜닝으로 나누어진다.

1 빌드업 튜닝(Buld-up Tuning)

　자동차의 외부 구조를 크게 변경하는 작업이다. 예를 들면 소방차나 견인차처럼 자동차의 장치나 승차장치 구조 일부를 변경하는 등 자동차의 이용 목적 및 용도를 바꾸는 작업이다.

　사전에 교통안전공단에 내용을 신고하여 승인을 받은 뒤 작업을 진행한다. 작업 후에는 신고내용과 변경사항이 동일하게 이루어졌는지 한 번 더 검사를 받게 된다.

2 튠업 튜닝(Tune-up Tuning)

자동차의 내부 부품을 교체, 변경하는 작업이다. 엔진을 비롯
하여 주행 장치나 배기장치 등 각종 장치들을 변경, 조율한다. 주로
부품의 성능을 향상하기 위해 이러한 작업들을 진행한다. 빌드업
튜닝처럼 사전 승인 절차는 필요 없으나 작업을 마친 뒤에는 교통
안전공단 검사소에서 안전기준에 부합하는지 여부를 확인하는 검
사를 받아야 한다.

3 드레스업 튜닝(Dress-up Tuning)

자동차의 외관을 꾸미는 작업이다. 자동차 소유주의 취향에 따라 차 외관을 칠하거나 부착물을 붙이는 등의 작업을 한다. 특별한 승인이나 검사가 필요하지는 않으나 자동차 안전기준법에 따라야 한다.

4 주의사항

기본적으로 튜닝 후 성능이나 안전에 문제가 우려되는 튜닝도 심사에서 제한된다. 자동차 회사의 초기 제품 출시 의도와 다르게 자동차의 구조를 변경하는 작업이기에 튜너 또한 자동차에 대한 충분한 이해가 있어야 한다. 차량의 총 중량 및 최대 적재량이 증가할 경우 튜닝이 제한되며, 승차정원 및 최대 적재량을 증가시키는 좌석 및 물품 적재 장치 등을 추가, 제거하는 작업도 제한을 받게 된다.

차량 총 중량

· 일반 승용차: 공차중량 + (탑승최대인원 수 x 65kg)

· 승합차/화물차: 공차중량 + (탑승최대인원 수 x 65kg)

+ 화물 최대 적재 무게

*공차중량: 자동차의 순수한 기본 무게(뼈대+내장재+연료 등 포함)

대부분의 튜닝작업은 교통안전공단에 사전 및 사후 신고를 한 뒤에 이루어지며, 제한규정을 어긴 불법 튜닝 차량을 소유할 경우 1년 이하의 징역(300만 원 이하 벌금), 해당 정비업체는 2년 이하 징역(500만원 이하 벌금)으로 법적인 처벌을 받을 수 있다. 자세한 내역은 국토교통부 및 교통안전공단에서 제공하는 자동차 튜닝 매뉴얼을 통해 확인할 수 있다.

우리나라의 튜닝산업

이전까지 우리나라는 자동차의 구조를 변경하는 튜닝 작업에 대해 좋지 못하게 여기는 경향이 있었다. 때문에 복잡한 규정을 두고 불법으로 개조, 변형한 차량을 극심하게 단속하고 엄한 규제를 가했다.

그러나 최근 들어 튜닝 산업이 새로운 자동차 산업으로 주목받고 안전성 면에서도 인정받기 시작하면서 국토교통부 또한 자동차 튜닝 산업에 대한 방향을 바꾸기 시작했다.

국토교통부는 튜닝과 관련된 정식 매뉴얼을 직접 제작하여 보급하는 등 안전성 및 특정 규정에 위배되지만 않는다면 자동차 튜닝을 허가하며 활성화시키는 방안을 권장하고 있다.

국토교통부에서 제공하는 '알기 쉬운 튜닝 매뉴얼'은 튜닝에 대한 규제 방식을 전환함을 보여주고 관련 규정을 소개하는 역할

을 하며, 튜닝 절차를 간소화시키고 홍보하기 위한 목적이 있다. 더불어 튜닝 부품에 대한 인증제도 도입하여 건전한 튜닝 문화를 정착시키기 위해 노력하고 있다.

　이렇게 자동차 튜닝에 대한 시선이 점차 변화함에 따라 물밑에서만 존재하던 튜닝 산업이 점차 부각되어 새로운 자동차 연관 산업으로 주목받고 있다. 자동차 정비사를 희망하는 자가 있다면 관련 산업 중 튜닝 분야에 대해서도 자세하게 알아보면 좋을 것이다.

자동차 변경및 튜닝에 관한 법규 : 자동차 관리법

자동차의 변경 및 이전

제11조(변경등록)

① 자동차 소유자는 등록원부의 기재 사항이 변경(제12조에 따른 이전등록 및 제13조에 따른 말소등록에 해당되는 경우는 제외한다)된 경우에는 대통령령으로 정하는 바에 따라 시 · 도지사에게 변경등록(이하 "변경등록"이라 한다)을 신청하여야 한다. 다만, 대통령령으로 정하는 경미한 등록 사항을 변경하는 경우에는 그러하지 아니하다.

② 변경등록에 관하여는 제9조제3호 및 제4호를 준용한다.

제12조(이전등록)

① 등록된 자동차를 양수받는 자는 대통령령으로 정하는 바에 따라 시 · 도지사에게 자동차 소유권의 이전등록(이하 "이전등록"이라 한다)을 신청하여야 한다.

② 제53조에 따라 자동차매매업을 등록한 자(이하 "자동차매매업자"라 한다)는 자동차의 매도 또는 매매의 알선을 한 경우에는 산 사람을 갈음하여 제1항에 따른 이전등록 신청을 하여야 한다. 다만, 자동차매매업자 사이에 매매 또는 매매의 알선을 한 경우와 국토교통부령으로 정하는 바에 따라 산 사람이 직접 이전등록 신청을 하는 경우에는 그러하지 아니하다.

③ 자동차를 양수한 자가 다시 제3자에게 양도하려는 경우에는 양도 전에 자기 명의로 제1항에 따른 이전등록을 하여야 한다.

④ 자동차를 양수한 자가 제1항에 따른 이전등록을 신청하지 아니한 경우

에는 대통령령으로 정하는 바에 따라 그 양수인을 갈음하여 양도자(이전등록을 신청할 당시 등록원부에 적힌 소유자를 말한다)가 신청할 수 있다.

⑤ 제4항에 따라 이전등록 신청을 받은 시·도지사는 대통령령으로 정하는 바에 따라 등록을 수리(受理)하여야 한다.

⑥ 제1항과 제4항에 따른 이전등록에 관하여는 제9조제1호·제3호 및 제4호를 준용한다.

자동차 튜닝

제34조(자동차의 튜닝)

① 자동차소유자가 국토교통부령으로 정하는 항목에 대하여 튜닝을 하려는 경우에는 시장·군수·구청장의 승인을 받아야 한다.

② 제1항에 따른 승인 대상 항목에 대한 승인기준 및 승인절차에 관한 사항은 국토교통부령으로 정한다.

제34조의2(튜닝 자동차의 안전성 확보)

① 국토교통부장관은 자동차의 튜닝에 따른 안전성 확보를 위하여 다음 각 호를 시행할 수 있다.

1. 자동차의 튜닝에 따른 안전성 확보를 위한 조사·연구 및 장비개발
2. 자동차 튜닝용 부품의 인증제의 도입
3. 그 밖에 국토교통부장관이 필요하다고 인정하는 사항

② 제1항에 따른 인증제 도입에 필요한 사항은 국토교통부령으로 정한다.

제35조(자동차의 무단 해체 금지) 누구든지 다음 각 호의 어느 하나에 해당하는 경우를 제외하고는 자동차에서 국토교통부령으로 정하는 장치를 해체하여서는 아니 된다.

1. 자동차의 점검 · 정비 또는 튜닝을 하려는 경우

2. 폐차하는 경우

3. 교육 · 연구의 목적으로 사용하는 등 국토교통부령으로 정하는 사유
에 해당되는 경우

모터스포츠

2

모터스포츠란 엔진이나 모터로 움직이는 차량이나 보트 등으로 경주를 하는 스포츠를 말한다. 차량의 성능 및 속력, 주행거리 등을 겨루게 된다. 보통은 4륜 자동차를 사용하는 스포츠카 경주나, 2륜 자동차를 사용하는 모터사이클 경주가 주류이지만 그 외 항공기나 보트 등의 경주도 있다.

실용목적 외 각 이동 수단의 순수한 매력을 즐기기 위해 만들어졌다.

모터스포츠의 종류

① 자동차 경주

보통 자동차 경주라고 하면 스포츠카 경주를 대부분 떠올릴 것이다. 두 대 이상의 자동차가 주어진 룰에 따라 정해진 코스를 달리며 속도 및 거리, 자동차의 성능 등을 겨루는 것을 말하는데 참가하는 차량의 종류나 진행되는 경기의 방식 및 규칙에 따라 세분화된다.

경주 결과에 따라 차량에 대한 평가와 인식이 달라지기에 세계 각국의 자동차 회사들이 매해 심혈을 기울여 자사 차량을 참가시키거나 각종 부분을 협조하고 있으며, 자동차에 관심이 있는 이들 또한 정기적으로 경기를 주목하고 있다.

우리나라에서는 1987년 3월에 자동차 동호회에서 개최한 경주를 시발점으로 1987년 5월에 그랑프리 코리아 레이스가 열렸다. 현재까지 국내에서 개최되고 있는 자동차 경주로는 장애물 사이를 달리는 짐카나 레이스(Gymkhana-race)와 원형 서킷에서 달리는 로드 레이스(Road race)가 있다.

▣ 차량별 구분

1인승 오픈 레이스, 경주용 전용차를 사용하는 포뮬러 레이스(Formula race), 시판되기도 하는 스포츠카를 이용하는 스포츠카 레이

스(Sports car race), 실제로 많이 사용하는 실용차량을 이용하는 투어
링 카 레이스(Touring car race), 레이싱 카 등 다양한 항목이 있다. 이중
가장 유명한 것은 아무래도 포뮬러 레이스(formula race)일 것이다. 경
주를 개최하는 곳에 따라 규정이 조금씩 다르기는 하나 주로 세계
자동차연맹(FIA)에서 규정을 제정한다.

■ 포뮬러 레이스(Formula race)

경주 전용 자동차를 사용하는 경주를 말한다. 전용 자동차
는 주로 차체가 낮고 타이어가 밖으로 노출되어 있으며 속
도 위주로 설계된다. 참가 차량 및 경기 내용에 따라 종목
이 나누어지는데 그중 그랑프리 레이스라고도 불리는 F1

경기가 가장 유명하다. F1으로 진출하기 위해서는 하위 레이스인 포뮬러 3000, GT1, GT1 등을 치러야 한다. 주로 유럽 국가에서 많이 개최되었으며 최근에는 미국 및 아시아 등지로 개최지가 넓어지고 있다.

- 스포츠카 레이스(Sports car race)

실용성이 있는 2좌석 이상의 스포츠카를 사용하는 경주를 말한다. 경주용 차량경기처럼 빠른 속도를 내는 것도 중요하지만 실제로 생활에 사용될 수 있기 때문에 차량 자체의 기능과 내구도 등도 함께 고려하며 경기를 진행한다. 때문에 포뮬러 경기보다 상대적으로 주행 거리가 긴 편이다. 차종 및 경기 내용에 따라 종목이 세분화되어 있다.

- 투어링 카 레이스((Touring car race)

일반적으로 쓰이는 실용차를 사용하는 경주를 말한다. 다른 경기와 마찬가지로 참가차량 및 경기 내용에 따라 종목이 나누어진다.

② 코스별 구분

포장이 잘 된 서킷을 달리는 온로드(On-road) 경기가 있고, 비포장도로를 달리는 오프로드(Off-road), 랠리(Rally) 경기가 있다. 위에서 소개된 포뮬러 레이스와 투어링 카 레이스는 온로드 경기에 속한다.

간단히 살펴보는 자동차 경주의 역사

자동차가 사람들 사이에서 널리 쓰이기 시작하면서 자동차 경주도 함께 열리기 시작했다. 그러나 초기에는 자동차 자체의 개발의 완전성뿐 아니라 경기 규칙이나 참가하는 자동차에 대한 규정도 일정하지 않았다. 때문에 갖은 고장이나 사고가 잇달았다. 이에 따라 자동차 경기 주최측에서는 점차 참가 차량의 규격 및 성능에 대해 일정한 규정을 제정하기 시작했는데, 이때 규격이나 규정을 뜻하는 말이었던 포뮬러(Formula)가 지금의 포뮬러 경기의 어원이 되었다.

또한 자동차 경기를 다른 말로 그랑프리(Grand prix)라고도 하는데, 이것은 프랑스에서 최초로 개최된 자동차 경주에서 비롯된 말이다. 참가 차량에 대한 간단한 규정 및 서킷이 지정된 경기였으며 지금까지 이어져 오며 자동차 경주의 상징적인 역할을 하고 있다.

자동차 경주가 어느 정도 틀이 갖춰짐에 따라 경기 내용 또한 전문화되기 시작했다. 참가자들이 일반인에서 전문적인 레이서로 교체되기 시작했으며, 경주용으로 사용되는 차량인 일명 '스포츠카'가 만들어지기 시작했다. 우리가 잘 알고 있는 자동차 회사 및 브랜드차량 중 일부는 이러한 스포츠카를 제작하던 회사 및 차량에서 시작되기도 했다.

모터사이클 경주

모터사이클(Motor cycle)은 정확히는 원동기를 장치하여 그 동력으로 바퀴가 돌아가게끔 만든 자전거를 일컫는다. 다른 말로 모터바이크(Motor bike)라고도 하며, 도로교통법상으로는 이륜 자동차라고 불린다. 우리가 흔히 부르는 말인 '오토바이'는 영어 단어인 오토 바이시클(Auto bicycle)을 일본식으로 줄인 말인 '오토바이'를 그대로 차용하여 쓰는 말이다. 흔히 볼 수 있는 소형 모터사이클인 스쿠터에서부터 바퀴가 세 개인 사이드 카까지 모두 모터사이클에 포함된다.

1 모터 사이클 경주의 종류

자동차 경주와 마찬가지로 두 대 이상의 모터사이클이 주어진 룰에 따라 정해진 코스를 달리며 속도나 성능 등을 겨루는 경기이다. 가장 유명한 것은 로드 레이스이다.

- **로드 레이스**(Road race): 일정하게 정해진 코스에 따라 포장도로를 달리는 경주이다.
- **트랙 레이스**(Track race): 주어진 트랙을 달리는 달리는 경주이다.

- **모터크로스**(Motor cross): 자연 지형을 달리는 경주이다. 점프 등의 난이도 있는 기술을 요하기도 한다.
- **아이스 레이스**(Ice race): 얼음으로 된 트랙이나 코스를 달리는 경주이다.
- **트라이얼 레이스**(Tria -race): 각종 난관에 도전하여 모터사이클 자체의 안정성과 기술을 겨루는 경주이다.

2 모터 사이클의 종류

- **스쿠터**(Scooter)

일반 모터사이클보다 바퀴 지름이 작고 사용되는 기관의 배기량도 작은 소형 모터사이클이다. 기관부가 일반 모터사이클과는 달리 탑승좌석 아랫부분에 장착되어 있다. 성능보다는 편의성에 중점을 둔 모터사이클이다. 운행 방식이 쉽고 안정성이 있으며 가격이 저렴하여 보편적으로 사용되나 고속 주행은 어렵다는 단점이 있다. 보통 2행정 가솔린 기관을 사용하지만 최근에는 4행정 기관 방식으로 변경되고 있다.

- **온로드 모터사이클** (On-road Motocycle, On-road Bike)
  보편적으로 사용되는 모터사이클은 대부분 온로드 모터사이클에 속한다. 도로에 닿는 면적이 넓고 타이어가 굽은 길을 부드럽게 선회할 수 있도록 설계되어 있다. 포장된 도로를 달리기에 좋은 모터사이클이므로 충격을 흡수하는 현가장치(서스펜션)가 타 종류에 비해 범위가 축소되어 있다.

- **오프로드 모터사이클**(Off-road Motocycle, Off-road Bike)
  험난한 도로를 달리기 좋은 모터사이클이다. 흙이나 자갈위를 쉽게 달릴 수 있도록 일부 부위가 돌출되어 있다. 도로에 닿는 면적이 적고 핸들이 넓으며 굵고 충격흡수가 잘되는 별도의 타이어를 사용한다. 비포장 도로용이기 때문에 현가장치(서스펜션)가 적용되는 범위가 넓으며 때로 일부

부품이 제거된 경우도 있다. 계단을 오르내리거나 점프 등
이 가능하여 곡예 및 경주용으로 종종 사용된다. 일반 도로
주행용으로는 적합하지 않기 때문에 번호판을 등록할 수
없는 경우가 많다.

■ **듀얼 퍼포즈 모터사이클**(Dual-purpose motocycle, Dual-purpose
Bike)
온로드 모터사이클과 오프로드 모터사이클을 종합한 형태
이다. 일반 포장도로와 비포장도로 모두 달리기 좋게 설계
되어 있다. 멀티 바이크라고도 불린다. 차체가 가볍고 포장
도로를 달리기 좋은 타이어를 사용하며 주행 성능이 온로

드 바이크보다 좋아서 고속 주행이 가능하다.

- **언더본 모터사이클**(Underbone-Motorcycle, Underbone Bike)
  휠 사이즈가 큰 모터사이클로 비즈니스 바이크라고도 한
  다. 조작이 간편하면서도 일반 온로드 모터사이클보다 거
  친 도로를 달리기 좋도록 설계되어 있다. 혼다 사에서 나온
  모델인 '커브'로 유명세를 떨쳐 커브 바이크라고 하기도 한
  다. 배달용 모터사이클로 주로 사용된다.

- **모터크로스 모터사이클**(Motocross Motorcycle, Motocross Bike)
  경주용으로 설계된 모터사이클이다. 온로드, 오프로드 모

두 포함되어 있다. 엔진 출력이 높아 높은 속력을 낼 수 있고 점프나 다양한 묘기가 가능하다. 경주에 최적화되도록 설계되었기에 차체가 가늘고 가벼운 편이며 현가장치(서스펜션)가 적용되는 범위도 매우 넓다. 방향지시등이나 전조등 등 경주에 불필요한 기관은 제거됐다. 때문에 경주용 모터사이클로 일반도를 주행하는 것은 불법이다. 대신 이러한 경주용 모터사이클을 모방하여 일반 모터사이클을 개량 제작한 레플리카(replica) 제품이나 헤드라이트 등을 달고 출력을 떨어뜨린 엔듀로(Enduro) 등을 이용하면 주행이 가능하다.

■ **투어링 모터사이클** (Touring Motorcycle, Touring-Bike)
먼 거리를 달리기 적합한 모터사이클이다. 좌석 등이 운전자의 편안한 탑승을 돕도록 설계되어 있으며, 여행이 편리하도록 수납함 등이 넉넉하다.

■ **크루저 모터사이클** (Cruiser Motorcycle, Cruiser Bike)
미국의 할리 데이비슨 등으로 대표되는 핸들이 높고 폭이 넓은 모터사이클을 말한다. 아시아권에서 제작되는 크루저 모터사이클은 동양인 체형에 맞게 재설계되어 제작되고 있다.

■ **사이드 카**(Sidecar)

모터사이클 측면에 설치하여 화물이나 탑승객을 태울 수
있도록 설치한 부속 프레임이다. 운전 시 균형을 맞추기 위
해 요령이 필요하다.

모터보트 경주

모터보트로 주어진 룰에 따라 정해진 코스를 달리는 경주이다. 보트의 속도
에 따라 점수를 매겨 순위를 겨루는 서킷 레이스(Circuit race), 수백 km
를 장시간 거리를 달리는 마라톤 레이스(Marathon race), 단거리를 달리
게 하여 각 보트별 최대 속도를 측정하는 마일 트라이얼(Mile trial), 보트의
안전성과 내구도를 살펴보는 내구 레이스 등이 있다. 모터보트 경주는 바람
이나 물살 등 환경의 영향을 많이 받기에 보통 평균 시속을 측정하여 순위를
정하는 방식을 주로 사용한다.

모터 스포츠와 자동차 정비

모터스포츠에서는 참가 레이서 뿐 아니라 정비사가 매우 중
요한 역할을 한다. 정비사는 레이서와 더불어 자동차의 관리자로
서 해당 차량이 최대 능력을 발휘할 수 있도록 기량을 펼쳐야 한다.

또한 빠른 속도로 각종 난관을 헤쳐 가야 하기에 차량 및 레이서에 안전에도 충분히 신경 써야 한다.

모터스포츠 레이서가 경주에서 차량을 이끄는 기수이자 아버지와 같은 역할을 한다면 자동차 정비사는 차량과 기수를 돌보는 어머니와 같은 역할을 한다고 볼 수 있다. 실제로 포뮬러 경기에서는 참가 레이서와 자동차 제작팀에게 별도로 우승 및 포상을 부여하기도 한다.

스마트카 개발 동향

IT기술의 발달에 따라 이동통신에서부터 주택 및 기타 기기에 이르기까지 생활의 편이를 돕는 다양한 응용기술들이 개발되고 있다. 자동차 산업도 이에 발맞추어 생활에 필요한 도구가 아니라 생활의 일부가 될 수 있도록 새롭게 진화하고 있다.

사람들은 자동차를 통해 운행뿐 아니라 여가, 정보수집, 통신, 오락, 업무 등 다양한 콘텐츠를 즐길 수 있으며, 이와 관련된 기술들이 계속 개발되고 있다. 운전자가 운전목적 뿐 아니라 차량 내에서 다양한 연관 서비스 및 이동통신 기술 등을 이용함으로써 보다 편리한 생활을 추구하고 교통안전에 기여하는 기술개발 및 그것을

지원하는 자동차를 통칭 '스마트카'라고 부른다.

　기존 전기 전자 기술 및 컴퓨터 기술과 이동수단에 사용되었던 통신망 등을 차용하여 스마트카를 활용할 수 있는 다양한 기술들이 개발되고 있으며, 앱 기능을 도입하여 필요한 기술들을 자체적으로 다운로드 할 수 있는 플랫폼 기술을 추진하고 있기도 하다. 운전자 개인의 편이뿐 아니라 운송수단 본래의 목적에 부응하는 편의기술도 함께 돕도록 개발되고 있다.

💡 텔레매틱스

통신이라는 의미의 텔레커뮤니케이션(Telecommunication)과 정보과학
이라는 의미의 인포매틱스(Informatics)를 합성한 말이다. 이동통신이나
기타 무선통신 및 GPS시스템을 이용하여 위치정보 및 기타 정보를 주고받
을 수 있는 시스템을 말한다. 주로 자동차나 배, 비행기 등 운송수단에 접목
시켜 유용하게 활용되고 있다.

1 운행 편이

내비게이션으로 대표되는 운행 편이 기술은 이동 시간을 효율
적으로 단축시켰을 뿐 아니라 미연에 사고 등을 예방할 수 있게 만
들었다. 더불어 속도 등을 자동으로 조절해 주는 주행편이기술은
운전자의 안전에 도움을 줄 수 있다. 그밖에 자동 주차 시스템이나
자택에서 자동차의 내부 기기를 조정할 수 있는 기술 등도 활용 중
에 있다.

최근 들어서는 첨단 센서를 도입하여 운전자의 시선이나 얼굴
방향 및 상태를 감지하여 안전하게 주행할 수 있도록 돕는 기술이
나, 적외선 카메라를 장착하여 전조등으로는 확인하기 어려운 야생
동물 등을 감지하는 기술 등이 개발되고 있다. 또한 사이드 카메라
등을 장착하여 차량이 잘못된 방향으로 기울었거나 차선을 이탈했

을 경우 이것을 감지하여 운전자에게 알려주는 기술 등도 있다. 연료 잔여량이나 엔진오일 등 기타 부속품의 교체시기를 체크하여 운전자에게 알려 주는 기능 등도 개발되고 있다.

더불어 운전자의 재량에만 맡겨 두었던 차량 운행에 직접적으로 개입하는 기술도 함께 개발 중에 있다. 센서가 보조 운전자의 역할을 하여 뜻밖의 장애물이 나타났을 경우 판단에 의해 자동으로 차량을 멈추거나 방향을 바꾸는 기술, 사고 발생 시 안전벨트 및 에어백을 자동으로 조절하고 때에 따라 소화기를 분무하거나 경고등을 울리는 기술 등이 그러하다.

차량 블랙박스 및 기타 연관 기술을 이동통신 등에 연동시켜 외부에서도 차량 내, 외부를 살펴볼 수 있게 하는 기술 등 운전자의 여가와 생활적인 편이를 돕는 기술들도 개발 중에 있다.

운행 중에도 내부 카메라를 통해 회의 등의 업무를 볼 수 있으며, 안전규정을 준수하는 한에서는 차 안에서 영화나 드라마 등을 시청할 수도 있다.

더불어 음성 인식 기술을 통해 운전자의 시야를 확보하면서 각종 편이 시스템을 작동시킬 수 있다거나, 맛집이나 주유소 등 운전자가 원하는 목적지를 자동으로 검색하여 찾되 운전자의 취향을

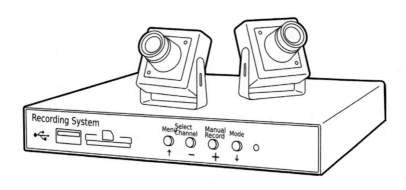

분석하여 알맞은 곳을 선택하여 알려주는 기술 등도 개발되고 있다. 더불어 사고 발생 시 가까운 응급시설이나 경찰서 등에 자동으로 신고를 하는 기능 등도 있다.

기술 개발 현황

스마트카 기술은 운전자의 편이를 돕는 역할도 하지만 자동차 산업의 영역을 확장시키는데도 크게 기여하고 있다. 먼저 신기술과 접목함으로써 업체 간 교류를 확대하고 기존에 없던 산업 영역을 구축할 수 있다. 더불어 생산 경쟁력 또한 확보할 수 있기 때문에 세계 각지의 자동차 제조 회사들은 앞 다투어 스마트카 기술 개발에 열을 올리고 있다. 더불어 IT영역에서도 자동차라는 새로운 산업 분야에 뛰어들 수 있는 좋은 기회를 제공하기도 한다.

구글사는 BMW사 및 혼다 사와 제휴하여 차량 내비게이션에 구글 검색 시스템을 도입하고 있으며, 마이크로 소프트사는 자체 소프트웨어인 윈도우와 클라우드 기능을 차량에 도입하는 시스템을 출시하고, 일본의 도요타사와 공동개발 연구 중에 있다.

우리나라 현대자동차와는 차량 오디오 시스템 및 내비게이션 시스템 개발을 함께하고 있다.

폭스바겐사와 애플사는 (icar)시스템을 개발 및 실용화 단계에 있다.

국내에서는 삼성전자와 현대자동차의 경우도 스마트카 개발을 위해 사업 협력에 동의하였으며, 각 통신사들도 국내 자동차 회사들과 제휴하여 기술개발을 추진하고 있다. 더불어 자동차 제조 회사들도 각 분야에 맞춰 스마트카 개발에 힘쓰고 있다.

■ **온스타**(OnStar)

제너럴모터스 사에서 구글 사, 모토롤라 사, 델코 전자 등과 기술협력을 통해 출시된 스마트카 시스템이다. 4G기술 및 GPS기능을 통해 차량 도난경보, 엔진 과출력 제어, 부정시동 제한, 차량위치정보 확인, 타이어, 배터리 및 기타 차량 부가부품 상태를 체크할 수 있다. 더불어 스마트폰을 활용한 원격시동이나 온라인 주행안내서비스, 등이 가능하다.

구글사와의 제휴를 통해 안드로이드 소프트웨어가 장착된 스마트폰 사용자라면 별도의 기기장착 없이도 누구나 이 시스템을 사용할 수 있다.

■ **커맨드 시스템**(Comand System)

벤츠사에서 나온 통합 멀티미디어 시스템이다. 하나의 모니터를 통해 각종 기기들의 상태를 한 번에 살펴볼 수 있으며, 버전에 따라 터치도 가능하다. 운전자는 각 기기들을 따로 조정할 필요 없이 버튼 하나로 모든 기기들을 관리할

수 있다

■ **텔레에이드**(Teleaid)

사고 등 위급상황이 발생했을 경우 차량에 연동된 GPS를
통해 사고 상황을 체크하고 가까운 서비스센터나 경찰서,
병원 등에 사고 내용을 자동 신고하는 시스템이다. 벤츠 사
및 크라이슬러사 등에서 유용하게 사용되고 있다.

■ **씽크**(Sync)

포드사에서 마이크로소프트사와 합작하여 출시한 시스템
이다. 1만 개 정도의 음성인식이 가능하며 이를 통해 라디
오, 내비게이션, 에어컨, 전화 등 차량 내 다양한 시스템들

을 제어할 수 있다. 더불어 와이파이 망과 연계하여 차량 내부에 설치된 애플리케이션을 구동할 수 있다. 더불어 운전자의 건강상태를 파악하여 위험상황 및 운전자의 안전을 자동 체크하며, 위급상황이 발생할 경우엔 911등의 구조시설에 자동으로 신고를 하는 기능도 있다. 최근에는 스마트폰 애플리케이션과도 연동이 가능하도록 개발을 계속하고 있다. 함께 하는 개발로는 인터넷 망과 연계하여 차량 내에서 애플리케이션 및 각종 SNS 서비스를 구동할 수 있으며 클라우드 시스템이나 음성 인식 등을 제공하는 마이포드 터치(MyFord Touch)가 있다.

■ **마이긱**(MyGiG)

크라이슬러사에서 개발한 시스템이다. 대용량 하드디스크를 장착하여 각종 음악 및 영화 등을 차량에 직접 탑재할 수 있으며, 블루투스 시스템을 이용한 음성전화도 가능하다. 적외선 센서를 통해 차량 내 외부 온도감지 및 탑승자의 신체 상태를 체크할 수 있으며. 태양광 센서로 날씨 및 태양광의 방향과 일조량 등을 자동 체크하여 내부 온도 조절이 가능하다.

■ **애저**(Azure)

도요타사에서 마이크로소프트사와 합작하여 개발된 시스

템이다. 전기 차 및 하이브리드 자동차에 적합한 시스템으로 클라우드 플랫폼이 적용되어 있다. 무선 네트워크를 통해 차량 내부에서 각종 검색 및 이메일 전송 등이 가능하며, 그밖에 교통상황이나 사고 정보 등을 진단할 수도 있다. 원격으로 차량을 제어할 수도 있다.

■ **블루링크**(Blue Link)

현대자동차에서 마이크로소프트사와 합작하여 개발한 시스템이다. 음성인식기능을 통해 오디오나 기타 차량 내부 시스템 뿐 아니라 엔진까지 제어할 수 있으며, 차량 내부의 소프트웨어 변경도 가능하다. 더불어 주행에 필요한 날씨나 도로 상황을 음성 및 문자메시지 등으로 전송하는 기능도 제공한다.

다른 스마트카 기술과 마찬가지로 사고 발생 시 가까운 서비스센터 및 응급센터 등에 연락을 취할 수 있다. 스마트폰 및 내비게이션 등과도 연동하여 사용 가능하며 원격 제어도 지원하고 있다.

※ 스마트카 기술개발 동향은 지금도 수시로 변하고 있기에 이곳에 소개된 정보들이 변경되거나 새로운 기술정보가 등장하기도 한다.

주요 참고 자료

1. 자동차관리법

제1조(목적)

이 법은 자동차의 등록, 안전기준, 자기인증, 제작결함 시정, 점검, 정비, 검사 및 자동차관리사업 등에 관한 사항을 정하여 자동차를 효율적으로 관리하고 자동차의 성능 및 안전을 확보함으로써 공공의 복리를 증진함을 목적으로 한다.

제2조(정의)

이 법에서 사용하는 용어의 뜻은 다음과 같다.

1. "자동차"란 원동기에 의하여 육상에서 이동할 목적으로 제작한 용구 또는 이에 견인되어 육상을 이동할 목적으로 제작한 용구(이하 "피견인자동차"라 한다)를 말한다. 다만, 대통령령으로 정하는 것은 제외한다.

   1의2. "원동기"란 자동차의 구동을 주목적으로 하는 내연기관이나 전동기 등 동력발생장치를 말한다.

2. "운행"이란 사람 또는 화물의 운송 여부에 관계없이 자동차를 그 용법(用法)에 따라 사용하는 것을 말한다.

3. "자동차사용자"란 자동차 소유자 또는 자동차 소유자로부터 자동차의 운행 등에 관한 사항을 위탁받은 자를 말한다.

4. "형식"이란 자동차의 구조와 장치에 관한 형상, 규격 및 성능 등을 말한다.

4의2. "내압용기"란 「고압가스 안전관리법」 제3조제2호에 따른 용기로서 고압가스를 연료로 사용하기 위하여 자동차에 장착하거나 장착할 목적으로 제작된 용기(용기밸브와 용기안전장치를 포함한다)를 말한다.

5. "폐차"란 자동차를 해체하여 국토교통부령으로 정하는 자동차의 장치를 그 성능을 유지할 수 없도록 압축·파쇄(破碎) 또는 절단하거나 자동차를 해체하지 아니하고 바로 압축·파쇄하는 것을 말한다.

6. "자동차관리사업"이란 자동차매매업·자동차정비업 및 자동차해체재활용업을 말한다.

7. "자동차매매업"이란 자동차[신조차(新造車)와 이륜자동차는 제외한다]의 매매 또는 매매 알선 및 그 등록 신청의 대행을 업(業)으로 하는 것을 말한다.

8. "자동차정비업"이란 자동차(이륜자동차는 제외한다)의 점검작업, 정비작업 또는 튜닝작업을 업으로 하는 것을 말한다. 다만, 국토교통부령으로 정하는 작업은 제외한다.

9. "자동차해체재활용업"이란 폐차 요청된 자동차(이륜자동차는 제외한다)의 인수(引受), 재사용 가능한 부품의 회수, 폐차 및 그 말소등록신청의 대행을 업으로 하는 것을 말한다.

10. "사고기록장치"란 자동차의 충돌 등 국토교통부령으로 정하는 사고 전후 일정한 시간 동안 자동차의 운행정보를 저장하고 저장된 정보를 확인할 수 있는 장치 또는 기능을 말

한다.

11. "자동차의 튜닝"이란 자동차의 구조 · 장치의 일부를 변경 하거나 자동차에 부착물을 추가하는 것을 말한다.

12. "표준정비시간"이란 자동차정비사업자 단체가 정하여 공개하고 사용하는 정비작업별 평균 정비시간을 말한다.

제3조(자동차의 종류)

① 자동차는 다음 각 호와 같이 구분한다.

1. 승용자동차: 10인 이하를 운송하기에 적합하게 제작된 자동차

2. 승합자동차: 11인 이상을 운송하기에 적합하게 제작된 자동차. 다만, 다음 각 목의 어느 하나에 해당하는 자동차는 승차인원에 관계없이 이를 승합자동차로 본다.

가. 내부의 특수한 설비로 인하여 승차인원이 10인 이하로 된 자동차

나. 국토교통부령으로 정하는 경형자동차로서 승차인원이 10인 이하인 전방조종자동차

다. 캠핑용자동차 또는 캠핑용트레일러

3. 화물자동차: 화물을 운송하기에 적합한 화물적재공간을 갖추고, 화물적재공간의 총적재화물의 무게가 운전자를 제외한 승객이 승차공간에 모두 탑승했을 때의 승객의 무게보다 많은 자동차

4. 특수자동차: 다른 자동차를 견인하거나 구난작업 또는 특수
   한 작업을 수행하기에 적합하게 제작된 자동차로서 승용자
   동차 · 승합자동차 또는 화물자동차가 아닌 자동차

5. 이륜자동차: 총배기량 또는 정격출력의 크기와 관계없이 1
   인 또는 2인의 사람을 운송하기에 적합하게 제작된 이륜의
   자동차 및 그와 유사한 구조로 되어 있는 자동차

② 제1항에 따른 구분의 세부기준은 자동차의 크기 · 구조, 원동
   기의 종류, 총배기량 또는 정격출력 등에 따라 국토교통부령
   으로 정한다.

③ 제1항에 따른 자동차의 종류는 국토교통부령으로 정하는 바
   에 따라 세분할 수 있다.

제4조(자동차관리 사무의 지도 · 감독)

국토교통부장관은 자동차관리에 관한 적절하고 효율적인 제
도를 확립하고, 자동차관리 행정의 합리적인 발전을 도모하기 위하
여 이 법에서 특별시장 · 광역시장 · 도지사 · 특별자치도지사(이하 "
시 · 도지사"라 한다), 특별자치도지사 · 시장 · 군수 및 구청장(자치구의 구
청장을 말한다. 이하 "시장 · 군수 · 구청장"이라 한다)의 권한으로 규정한 자동
차관리에 관한 사무를 지도 · 감독한다.

제5조(등록)

자동차(이륜자동차는 제외한다. 이하 이 조부터 제47조까지의 규정에서 같다)

는 자동차등록원부(이하 "등록원부"라 한다)에 등록한 후가 아니면 이를 운행할 수 없다. 다만, 제27조제1항에 따른 임시운행허가를 받아 허가 기간 내에 운행하는 경우에는 그러하지 아니하다.

제6조(자동차 소유권 변동의 효력)

자동차 소유권의 득실변경(得失變更)은 등록을 하여야 그 효력이 생긴다.

제7조(자동차등록원부)

① 시·도지사는 대통령령으로 정하는 바에 따라 등록원부를 비치(備置)·관리한다.

② 시·도지사는 등록원부의 전부 또는 일부가 멸실된 경우에는 대통령령으로 정하는 바에 따라 등록원부를 복구하기 위하여 필요한 조치를 하여야 한다.

③ 국토교통부장관이나 시·도지사는 등록원부 및 그 기재 사항의 멸실(滅失)·훼손이나 그 밖의 부정한 유출 등을 방지하고 이를 보존하기 위하여 필요한 조치를 하여야 한다.

④ 등록원부의 열람이나 그 등본 또는 초본을 발급받으려는 자는 국토교통부령으로 정하는 바에 따라 시·도지사에게 신청하여야 한다.

⑤ 시·도지사는 제4항에 따라 등록원부를 열람하게 하거나 그 등본 또는 초본을 발급하는 경우 개인정보의 유출을 방지하기

위하여 국토교통부령으로 정하는 바에 따라 그 내용의 일부를 표시하지 아니할 수 있다.

제8조(신규등록)

① 신규로 자동차에 관한 등록을 하려는 자는 대통령령으로 정하는 바에 따라 시·도지사에게 신규자동차등록(이하 "신규등록"이라 한다)을 신청하여야 한다.

② 시·도지사는 신규등록 신청을 받으면 등록원부에 필요한 사항을 적고 자동차등록증을 발급하여야 한다.

③ 자동차를 제작·조립 또는 수입하는 자(이들로부터 자동차의 판매위탁을 받은 자를 포함하며, 이하 "자동차제작·판매자등"이라 한다)가 자동차를 판매한 경우에는 국토교통부령으로 정하는 바에 따라 등록원부 작성에 필요한 자동차 제작증 정보를 제69조에 따른 전산정보처리조직에 즉시 전송하여야 하며 산 사람을 갈음하여 지체 없이 신규등록을 신청하여야 한다. 다만, 국토교통부령으로 정하는 바에 따라 산 사람이 직접 신규등록을 신청하는 경우에는 그러하지 아니하다.

④ 자동차제작·판매자등이 제1항에 따라 신규등록을 신청하는 경우에는 국토교통부령으로 정하는 바에 따라 자동차를 산 사람으로부터 수수료를 받을 수 있다.

제8조의2(자동차제작·판매자등의 고지의무)

① 자동차제작·판매자등은 제13조제1항제2호에 따라 반품으로 말소등록된 자동차를 판매하는 경우에는 해당 자동차가 반품된 자동차라는 사실을 구매자에게 고지하여야 한다.

② 자동차제작·판매자등은 자동차를 판매할 때 제작사의 공장 출고일(제작일을 말한다) 이후 인도 이전에 발생한 고장 또는 흠집 등 하자에 대한 수리 여부와 상태 등에 대하여 구매자에게 고지하여야 한다.

제10조(자동차등록번호판)

① 시·도지사는 국토교통부령으로 정하는 바에 따라 자동차등록번호판(이하 "등록번호판"이라 한다)을 붙이고 봉인을 하여야 한다. 다만, 자동차 소유자 또는 제8조제3항 본문 및 제12조제2항 본문에 따라 자동차 소유자를 갈음하여 등록을 신청하는 자가 직접 등록번호판의 부착 및 봉인을 하려는 경우에는 국토교통부령으로 정하는 바에 따라 등록번호판의 부착 및 봉인을 직접 하게 할 수 있다.

② 제1항에 따라 붙인 등록번호판 및 봉인은 시·도지사의 허가를 받은 경우와 다른 법률에 특별한 규정이 있는 경우를 제외하고는 떼지 못한다.

③ 자동차 소유자는 등록번호판이나 봉인이 떨어지거나 알아보기 어렵게 된 경우에는 시·도지사에게 제1항에 따른 등록번호판의 부착 및 봉인을 다시 신청하여야 한다.

④ 제1항과 제3항에 따른 등록번호판의 부착 또는 봉인을 하지 아니한 자동차는 운행하지 못한다. 다만, 제27조제2항에 따른 임시운행허가번호판을 붙인 경우에는 그러하지 아니하다.

⑤ 누구든지 등록번호판을 가리거나 알아보기 곤란하게 하여서는 아니 되며, 그러한 자동차를 운행하여서도 아니 된다.

⑥ 누구든지 등록번호판을 가리거나 알아보기 곤란하게 하기 위한 장치를 제조·수입하거나 판매·공여하여서는 아니 된다.

⑦ 자동차 소유자는 자전거 운반용 부착장치 등 국토교통부령으로 정하는 외부장치를 자동차에 부착하여 등록번호판이 가려지게 되는 경우에는 시·도지사에게 국토교통부령으로 정하는 바에 따라 외부장치용 등록번호판의 부착을 신청하여야 한다. 외부장치용 등록번호판에 대하여는 제1항부터 제6항까지를 준용한다.

⑧ 시·도지사는 등록번호판 및 그 봉인을 회수한 경우에는 다시 사용할 수 없는 상태로 폐기하여야 한다.

제11조(변경등록)

① 자동차 소유자는 등록원부의 기재 사항이 변경(제12조에 따른 이전등록 및 제13조에 따른 말소등록에 해당되는 경우는 제외한다)된 경우에는 대통령령으로 정하는 바에 따라 시·도지사에게 변경등록(이하 "변경등록"이라 한다)을 신청하여야 한다. 다만, 대통령령으로 정하는 경미한 등록 사항을 변경하는 경우에는 그러하지 아니하다.

② 변경등록에 관하여는 제9조제3호 및 제4호를 준용한다.

제12조(이전등록)

① 등록된 자동차를 양수받는 자는 대통령령으로 정하는 바에 따라 시·도지사에게 자동차 소유권의 이전등록(이하 "이전등록"이라 한다)을 신청하여야 한다.

② 제53조에 따라 자동차매매업을 등록한 자(이하 "자동차매매업자"라 한다)는 자동차의 매도 또는 매매의 알선을 한 경우에는 산 사람을 갈음하여 제1항에 따른 이전등록 신청을 하여야 한다. 다만, 자동차매매업자 사이에 매매 또는 매매의 알선을 한 경우와 국토교통부령으로 정하는 바에 따라 산 사람이 직접 이전등록 신청을 하는 경우에는 그러하지 아니하다.

③ 자동차를 양수한 자가 다시 제3자에게 양도하려는 경우에는 양도 전에 자기 명의로 제1항에 따른 이전등록을 하여야 한다.

④ 자동차를 양수한 자가 제1항에 따른 이전등록을 신청하지 아니한 경우에는 대통령령으로 정하는 바에 따라 그 양수인을 갈음하여 양도자(이전등록을 신청할 당시 등록원부에 적힌 소유자를 말한다)가 신청할 수 있다.

⑤ 제4항에 따라 이전등록 신청을 받은 시·도지사는 대통령령으로 정하는 바에 따라 등록을 수리(受理)하여야 한다.

⑥ 제1항과 제4항에 따른 이전등록에 관하여는 제9조제1호·제3호 및 제4호를 준용한다.

제13조(말소등록)

① 자동차 소유자(재산관리인 및 상속인을 포함한다. 이하 이 조에서 같다)는 등록된 자동차가 다음 각 호의 어느 하나의 사유에 해당하는 경우에는 대통령령으로 정하는 바에 따라 자동차등록증, 등록번호판 및 봉인을 반납하고 시·도지사에게 말소등록(이하 "말소등록"이라 한다)을 신청하여야 한다. 다만, 제7호 및 제8호의 사유에 해당되는 경우에는 말소등록을 신청할 수 있다.

1. 제53조에 따라 자동차해체재활용업을 등록한 자(이하 "자동차해체재활용업자"라 한다)에게 폐차를 요청한 경우

2. 자동차제작·판매자등에게 반품한 경우

3. 「여객자동차 운수사업법」에 따른 차령(車齡)이 초과된 경우

4. 「여객자동차 운수사업법」 및 「화물자동차 운수사업법」에 따라 면허·등록·인가 또는 신고가 실효(失效)되거나 취소된 경우

5. 천재지변·교통사고 또는 화재로 자동차 본래의 기능을 회복할 수 없게 되거나 멸실된 경우

6. 자동차를 수출하는 경우

7. 제14조의 압류등록을 한 후에도 환가(換價) 절차 등 후속 강제집행 절차가 진행되고 있지 아니하는 차량 중 차령 등 대통령령으로 정하는 기준에 따라 환가가치가 남아 있지 아니하다고 인정되는 경우. 이 경우 시·도지사가 해당 자동차 소유자로부터 말소등록 신청을 접수하였을 때에는 즉시

그 사실을 압류등록을 촉탁(囑託)한 법원 또는 행정관청과 등록원부에 적힌 이해관계인에게 알려야 한다.

8. 자동차를 교육·연구의 목적으로 사용하는 등 대통령령으로 정하는 사유에 해당하는 경우

② 제1항제1호에 해당하는 경우에는 자동차해체재활용업자가, 제1항제6호에 해당되는 경우에는 자동차를 수출하는 자가 해당 자동차 소유자를 갈음하여 제1항에 따른 말소등록을 신청하여야 한다. 다만, 국토교통부령으로 정하는 바에 따라 자동차 소유자가 직접 말소등록을 신청하는 경우에는 그러하지 아니하다.

③ 시·도지사는 다음 각 호의 어느 하나에 해당하는 경우에는 직권으로 말소등록을 할 수 있다.

1. 제1항과 제2항에 따라 말소등록을 신청하여야 할 자가 신청하지 아니한 경우

2. 자동차의 차대[차대가 없는 자동차의 경우에는 차체(車體)를 말한다. 이하 같다]가 등록원부상의 차대와 다른 경우

3. 제26조에 따라 자동차를 폐차한 경우

4. 속임수나 그 밖의 부정한 방법으로 등록된 경우

④ 시·도지사는 제3항에 따라 직권으로 말소등록을 하려는 경우에는 그 사유 및 말소등록 예정일을 명시하여 그 1개월 전까지 등록원부에 적힌 자동차 소유자 및 이해관계인에게 알려야 한다. 다만, 그 자동차 소유자 및 이해관계인이 자동차의 말

소등록에 동의한 경우와 제1항제3호·제5호 또는 제3항제3호에 해당되는 경우에는 그러하지 아니하다.

⑤ 시·도지사는 제3항에 따라 자동차를 직권으로 말소등록한 경우에는 그 자동차를 소유하여 온 자에게 알려야 한다. 이 경우 통지를 받은 상대방은 국토교통부령으로 정하는 부득이한 사유 등이 있는 경우를 제외하고는 지체 없이 그 자동차의 자동차등록증·등록번호판 및 봉인을 반납하여야 한다.

⑥ 시·도지사는 제3항에 따라 직권으로 등록말소를 하는 경우에는 제4항에 따른 통지를 한 후 해당 자동차의 자동차등록증·등록번호판 및 봉인을 영치(領置)하거나 폐기할 수 있다.

⑦ 자동차 소유자는 자기의 자동차를 도난당한 경우에는 대통령령으로 정하는 바에 따라 시·도지사에게 말소등록을 신청할 수 있다.

⑧ 제1항제6호에 따라 말소등록을 신청한 자(자동차소유자가 수출하지 아니하는 경우에는 제2항에 따라 말소등록을 신청한 자를 말한다)는 대통령령으로 정하는 바에 따라 시·도지사에게 수출의 이행 여부를 신고하여야 한다. 이 경우 해당 자동차 수출을 이행하지 못한 경우에는 자동차해체재활용업자에게 폐차를 요청하거나 제8조에 따라 신규등록을 신청할 수 있다.

⑨ 말소등록된 자동차에 대하여 이해관계가 있는 자는 시·도지사에게 자동차 말소사실증명서의 발급을 신청할 수 있다.

⑩ 말소등록된 자동차를 다시 등록하려는 경우에는 대통령령으

로 정하는 바에 따라 신규등록을 신청하여야 한다. 이 경우 말
소등록 당시 등록원부에 저당권 등이 설정되어 있었던 경우에
는 해당 권리관계가 해소되었음을 국토교통부령으로 정하는
바에 따라 증명하여야 한다.

제16조(자동차등록번호의 부여)

시·도지사는 자동차를 신규등록한 경우에는 그 자동차의 등
록번호(이하 "등록번호"라 한다)를 부여하고, 용도변경 등 대통령령으로
정하는 사유가 발생한 경우에는 그 등록번호를 변경하여 부여한다.

제18조(자동차등록증의 비치 등)

① 자동차사용자는 해당 자동차 안에 자동차등록증을 갖춰 두고
운행하여야 한다. 다만, 제27조제2항에 따른 임시운행허가증
을 갖춰 두는 경우와 피견인자동차(被牽引自動車)의 경우에는 그
러하지 아니하다.

② 자동차 소유자는 자동차등록증이 없어지거나 알아보기 곤란
하게 된 경우에는 재발급 신청을 하여야 한다.

제22조(차대번호 등의 표기)

① 자동차에는 국토교통부령으로 정하는 바에 따라 차대번호와
원동기형식의 표기를 하여야 한다.

② 자동차나 원동기를 제작·조립하는 것을 업으로 하는 자와 국

토교통부장관이 지정하는 자가 아니면 자동차의 차대번호 또는 원동기형식의 표기를 하여서는 아니 된다. 〈개정

제23조(표기를 지우는 행위 등의 금지 등)

① 누구든지 자동차의 차대번호 또는 원동기형식의 표기를 지우거나 그 밖에 이를 알아보기 곤란하게 하는 행위를 하여서는 아니 된다. 다만, 부득이한 사유로 국토교통부장관의 인정을 받은 경우와 제2항에 따른 명령을 받은 경우에는 그러하지 아니하다.

② 국토교통부장관은 자동차가 다음 각 호의 어느 하나에 해당되는 경우에는 그 소유자에게 차대번호 또는 원동기형식의 표기를 지우거나 표기를 받을 것을 명할 수 있다.

1. 자동차에 차대번호 또는 원동기형식의 표기가 없거나 그 표기 방법 및 체계 등이 제22조제1항에 적합하지 아니한 경우
2. 자동차의 차대번호 또는 원동기형식의 표기가 다른 자동차와 유사한 경우
3. 차대번호 또는 원동기형식의 표기가 지워져 있거나 알아보기 곤란한 경우

③ 제1항 단서와 제2항에 따라 표기를 지우거나 표기를 받으려는 자는 국토교통부령으로 정하는 바에 따라 자동차 또는 원동기의 제작·조립을 업으로 하는 자 또는 국토교통부장관이 지정하는 자에게 신청을 하여야 한다. 이 경우 이에 들어간 비용은

국토교통부령으로 정하는 바에 따라 자동차의 소유자로부터 징수할 수 있다.

④ 제1항 단서와 제2항에 따른 인정 및 명령에 관하여 필요한 절차 등은 국토교통부령으로 정한다.

제29조(자동차의 구조 및 장치 등)

① 자동차는 대통령령으로 정하는 구조 및 장치가 안전 운행에 필요한 성능과 기준(이하 "자동차안전기준"이라 한다)에 적합하지 아니하면 운행하지 못한다.

② 자동차에 장착되거나 사용되는 부품·장치 또는 보호장구(保護裝具)로서 대통령령으로 정하는 부품·장치 또는 보호장구(이하 "자동차부품"이라 한다)는 안전운행에 필요한 성능과 기준(이하 "부품안전기준"이라 한다)에 적합하여야 한다.

③ 자동차안전기준과 부품안전기준은 국토교통부령으로 정한다.

제30조(자동차의 자기인증 등)

① 자동차를 제작·조립 또는 수입(이하 "제작등"이라 한다)하려는 자는 국토교통부령으로 정하는 바에 따라 그 자동차의 형식이 자동차안전기준에 적합함을 스스로 인증(이하 "자동차자기인증"이라 한다)하여야 한다.

② 자동차자기인증을 하려는 자는 국토교통부령으로 정하는 바에 따라 자동차의 제작·시험·검사시설 등을 국토교통부장

관에게 등록하여야 한다. 등록한 사항 중 국토교통부령으로
정하는 중요한 사항을 변경할 때에도 또한 같다.

③ 제2항에 따라 등록을 한 자(이하 "자동차제작자등"이라 한다) 중 생산
규모, 안전검사시설 및 성능시험시설 등 국토교통부령으로 정
하는 자기인증능력 요건을 충족하지 못한 자동차제작자등은
자동차의 안전운행에 직접 관련되는 사항으로서 국토교통부
령으로 정하는 사항에 대하여 성능시험대행자로부터 기술검
토 및 안전검사를 받아 자동차자기인증을 하여야 한다. 다만,
자기인증능력 요건 중 안전검사시설을 갖춘 자동차제작자등
은 국토교통부령으로 정하는 바에 따라 직접 안전검사를 할
수 있다.

④ 자동차제작자등이 제1항 또는 제3항에 따라 자동차자기인증
을 한 경우에는 국토교통부령으로 정하는 바에 따라 성능시험
대행자에게 자동차의 제원(諸元)을 통보하고 그 자동차에는 자
동차자기인증의 표시를 하여야 한다.

⑤ 국토교통부장관은 제2항에 따라 등록한 제작 · 시험 · 검사시
설 등을 확인한 결과 등록한 내용과 다른 경우에는 그 등록을
취소하거나 등록 사항을 변경할 것을 명할 수 있다.

제34조(자동차의 튜닝)

① 자동차소유자가 국토교통부령으로 정하는 항목에 대하여 튜
닝을 하려는 경우에는 시장 · 군수 · 구청장의 승인을 받아야

한다.

② 제1항에 따른 승인 대상 항목에 대한 승인기준 및 승인절차에 관한 사항은 국토교통부령으로 정한다.

제34조의2(튜닝 자동차의 안전성 확보)

① 국토교통부장관은 자동차의 튜닝에 따른 안전성 확보를 위하여 다음 각 호를 시행할 수 있다.

1. 자동차의 튜닝에 따른 안전성 확보를 위한 조사·연구 및 장비개발

2. 자동차 튜닝용 부품의 인증제의 도입

3. 그 밖에 국토교통부장관이 필요하다고 인정하는 사항

② 제1항에 따른 인증제 도입에 필요한 사항은 국토교통부령으로 정한다.

제35조(자동차의 무단 해체 금지)

누구든지 다음 각 호의 어느 하나에 해당하는 경우를 제외하고는 자동차에서 국토교통부령으로 정하는 장치를 해체하여서는 아니 된다.

1. 자동차의 점검·정비 또는 튜닝을 하려는 경우

2. 폐차하는 경우

3. 교육·연구의 목적으로 사용하는 등 국토교통부령으로 정하는 사유에 해당되는 경우

제36조(자동차의 정비)

　자동차사용자가 자동차를 정비하려는 경우에는 국토교통부령으로 정하는 범위에서 정비를 하여야 한다.

제37조(점검 및 정비 명령 등)

① 시장·군수·구청장은 다음 각 호의 어느 하나에 해당하는 자동차 소유자에게 국토교통부령으로 정하는 바에 따라 점검·정비·검사 또는 원상복구를 명할 수 있다. 다만, 제2호 또는 제3호에 해당하는 경우에는 이를 명하여야 한다.

　1. 자동차안전기준에 적합하지 아니하거나 안전운행에 지장이 있다고 인정되는 자동차

　2. 제34조에 따른 승인을 받지 아니하고 튜닝한 자동차

　3. 제43조제1항제2호에 따른 정기검사 또는 제43조의2에 따른 자동차종합검사를 받지 아니한 자동차

　4. 「여객자동차 운수사업법」 제19조제2항 또는 「화물자동차 운수사업법」 제19조제1항제11호 및 제32조제1항제12호에 따른 중대한 교통사고가 발생한 사업용 자동차

② 시장·군수·구청장은 제1항에 따라 점검·정비·검사 또는 원상복구를 명하려는 경우 국토교통부령으로 정하는 바에 따라 기간을 정하여야 한다. 이 경우 해당 자동차의 운행정지를 함께 명할 수 있으며, 점검·정비 또는 원상복구를 명하려는 경우 필요하다고 인정되면 제43조제1항제4호에 따른 임시검

사를 받을 것을 함께 명할 수 있다.

③ 시장·군수 또는 구청장은 제1항제3호에 해당하는 자동차 소유자가 제1항에 따른 검사 명령을 이행하지 아니하는 경우에는 그 자동차의 등록번호판을 영치(領置)할 수 있다. 이 경우 시장·군수·구청장은 등록번호판을 영치한 사실을 해당 시·도지사와 자동차 소유자에게 통보하여야 한다.

④ 제3항에 따른 등록번호판 영치의 방법 및 절차 등에 관하여 필요한 사항은 국토교통부령으로 정한다.

제40조(기계·기구의 정밀도검사)

① 자동차의 점검·정비 또는 검사에 사용하는 기계·기구를 제작·조립 또는 수입하여 판매하는 자와 이를 사용하는 자(이하 "기계·기구제작자등"이라 한다)는 국토교통부장관이 실시하는 정밀도검사를 받아야 한다. 기계·기구의 구조 또는 장치를 변경하려는 경우에도 또한 같다.

② 제1항에 따른 정밀도검사를 받아야 하는 기계, 기구, 검사의 기준 및 절차 등에 관하여 필요한 사항은 국토교통부령으로 정한다.

제43조(자동차검사)

① 자동차 소유자(제1호의 경우에는 신규등록 예정자를 말한다)는 해당 자동차에 대하여 다음 각 호의 구분에 따라 국토교통부령으로

정하는 바에 따라 국토교통부장관이 실시하는 검사를 받아야 한다.

1. 신규검사: 신규등록을 하려는 경우 실시하는 검사

2. 정기검사: 신규등록 후 일정 기간마다 정기적으로 실시하는 검사

3. 튜닝검사: 제34조에 따라 자동차를 튜닝한 경우에 실시하는 검사

4. 임시검사: 이 법 또는 이 법에 따른 명령이나 자동차 소유자의 신청을 받아 비정기적으로 실시하는 검사

② 국토교통부장관은 제1항에 따라 자동차검사(이하 "자동차검사"라 한다)를 할 때에는 해당 자동차의 구조 및 장치가 국토교통부령으로 정하는 검사기준(이하 "자동차검사기준"이라 한다)에 적합한지 여부와 차대번호 및 원동기형식이 자동차등록증에 적힌 것과 동일한지 여부를 확인하여야 하며, 자동차검사를 실시한 후 그 결과를 국토교통부령으로 정하는 바에 따라 자동차 소유자에게 통지하여야 한다. 이 경우 자동차검사기준은 사업용 자동차와 비사업용 자동차를 구분하여 정하여야 한다.

③ 국토교통부장관은 제2항에 따라 검사하여 합격한 자동차에 대하여는 다음 각 호의 구분에 따른 조치를 하여야 한다.

1. 신규검사: 신규검사증명서의 발급

2. 정기검사 · 튜닝검사 또는 임시검사: 검사한 사실을 등록원부 및 자동차등록증에 기록

④ 국토교통부장관은 자동차 소유자가 천재지변이나 그 밖의 부득이한 사유로 제1항제2호부터 제4호까지의 검사를 받을 수 없다고 인정될 때에는 국토교통부령으로 정하는 바에 따라 그 기간을 연장하거나 자동차검사를 유예(猶豫)할 수 있다.

⑤ 제30조제4항에 따라 자동차자기인증의 표시가 된 자동차를 신규등록(말소등록 후 다시 신규등록을 하는 경우는 제외한다)하는 경우에는 제1항제1호에 따른 신규검사를 받은 것으로 본다.

⑥ 국토교통부장관은 제1항제2호에 따른 정기검사(이하 "정기검사"라 한다)를 한 경우에는 검사 장면 및 결과를 제69조의 전산정보처리조직에 국토교통부령으로 정하는 기간까지 기록하고 보관하여야 한다.

제43조의2(자동차종합검사)

① 「대기환경보전법」 제63조제1항에 따른 운행차 배출가스 정밀검사 시행지역에 등록한 자동차 소유자 및 「수도권 대기환경개선에 관한 특별법」 제25조제1항에 따른 특정경유자동차 소유자는 정기검사와 「대기환경보전법」 제63조제1항에 따라 실시하는 배출가스 정밀검사(이하 "정밀검사"라 한다) 또는 「수도권 대기환경개선에 관한 특별법」 제25조제2항에 따른 특정경유자동차 배출가스 검사(이하 "특정경유자동차검사"라 한다)를 통합하여 국토교통부장관과 환경부장관이 공동으로 다음 각 호에 대하여 실시하는 자동차종합검사(이하 "종합검사"라 한다)를 받아야 한

다. 종합검사를 받은 경우에는 정기검사, 정밀검사 및 특정
경유자동차검사를 받은 것으로 본다.

1. 자동차의 동일성 확인 및 배출가스 관련 장치 등의 작동 상
   태 확인을 관능검사(관능검사, 사람의 감각기관으로 자동차의 상태를
   확인하는 검사) 및 기능검사로 하는 공통 분야

2. 자동차 안전검사 분야

3. 자동차 배출가스 정밀검사 분야

② 종합검사의 검사 절차, 검사 대상, 검사 유효기간 및 검사 유예
등에 관하여 필요한 사항은 국토교통부와 환경부의 공동부령
(이하 "공동부령"이라 한다)으로 정한다.

③ 종합검사 업무에 관하여는 제43조제2항 · 제3항 · 제4항 · 제6
항, 제76조 각 호 외의 부분 단서 및 같은 조 제12호를 준용한
다.

제44조(자동차검사대행자의 지정 등)

① 국토교통부장관은 「교통안전공단법」에 따라 설립된 교통안전
공단을 자동차검사를 대행하는 자로 지정하여 자동차검사와
그 결과의 통지를 대행하게 할 수 있다.

② 자동차검사대행자의 시설 · 장비 등의 기준 및 지정 절차 등에
관하여 필요한 사항은 국토교통부령으로 정한다.

제44조의2(자동차 종합검사대행자의 지정 등)

① 국토교통부장관은 「교통안전공단법」에 따라 설립된 교통안전공단을 종합검사를 대행하는 자(이하 "종합검사대행자"라 한다)로 지정하여 종합검사 업무(그 결과의 통지를 포함한다)를 대행하게 할 수 있다.

② 종합검사대행자의 시설, 장비, 인력기준 및 업무 범위 등에 필요한 사항은 공동부령으로 정한다.

제45조(지정정비사업자의 지정 등)

① 국토교통부장관은 정기검사를 효율적으로 하기 위하여 필요하다고 인정하면 자동차정비업자 중 일정한 시설과 기술인력을 확보한 자를 지정정비사업자로 지정하여 정기검사 업무(그 결과의 통지를 포함한다)를 수행하게 할 수 있다. 다만, 「대기환경보전법」 제63조제1항 각 호에 따른 정밀검사 시행 지역에서는 지정정비사업자를 지정하지 아니하고, 제45조의2에 따른 종합검사지정정비사업자에게 정기검사를 하게 할 수 있다.

② 제1항에 따른 지정정비사업자(이하 "지정정비사업자"라 한다)로 지정받으려는 자동차정비업자는 국토교통부령으로 정하는 시설 및 기술인력기준을 갖추어 국토교통부장관에게 지정을 신청하여야 한다.

③ 지정정비사업자의 시설, 기술인력기준, 지정 절차 및 검사업무의 범위 등에 관하여 필요한 사항은 국토교통부령으로 정한다.

④ 지정정비사업자에 관하여는 제76조 각 호 외의 부분 단서 및 같은 조 제12호를 준용한다.

⑤ 제45조의3제1항에 따라 지정정비사업자의 지정취소 처분을 받은 지정정비사업자 또는 그 사업장에서 지정정비사업자의 지정을 신청하는 자는 그 지정이 취소된 날부터 2년이 지나지 아니한 경우에는 지정정비사업자로 지정을 받을 수 없다.

⑥ 지정정비사업자는 자동차소유자로부터 정기검사의 신청을 받으면 해당 자동차가 제43조제2항에 따른 자동차검사기준 등에 적합한지를 확인하여야 한다.

⑦ 지정정비사업자는 다른 사람에게 자신의 명의로 정기검사를 하게 하여서는 아니 된다.

⑧ 지정정비사업자는 그 사업의 전부 또는 일부를 휴업하거나 폐업한 경우에는 국토교통부령으로 정하는 바에 따라 국토교통부장관에게 신고하여야 한다. 다만, 제55조제4항에 따라 자동차관리사업의 휴업 또는 폐업 신고를 한 경우에는 그러하지 아니하다.

제45조의2(종합검사 지정정비사업자의 지정 등)

① 국토교통부장관은 종합검사를 효율적으로 하기 위하여 필요하다고 인정하면 환경부장관과 협의하여 자동차정비업자 중 일정한 시설과 기술인력을 확보한 자를 자동차종합검사 지정정비사업자(이하 "종합검사지정정비사업자"라 한다)로 지정하여 종합

검사(그 결과의 통지를 포함한다)를 하게 할 수 있다.

② 종합검사지정정비사업자가 갖추어야 할 시설, 장비, 인력기준, 지정 절차 및 검사업무의 범위 등에 필요한 사항은 공동부령으로 정한다.

③ 종합검사지정정비사업자에 관하여는 제45조제4항부터 제8항까지를 준용한다.

제47조(택시미터의 검정 등)

① 택시요금미터(이하 "택시미터"라 한다)를 제작·수리·수입 또는 사용하는 자는 그 택시미터에 대하여 국토교통부령으로 정하는 바에 따라 국토교통부장관의 검정을 받아야 한다.

② 국토교통부장관은 필요하다고 인정하면 국토교통부령으로 정하는 바에 따라 택시미터를 검정할 수 있는 전문검정기관(이하 "택시미터전문검정기관"이라 한다)을 지정하여 제1항에 따른 검정을 대행하게 할 수 있다.

③ 누구든지 제1항 또는 제2항에 따른 검정을 받지 아니하고는 택시미터를 제작·수리·수입 또는 사용하거나, 이를 매매 또는 매매 알선을 하여서는 아니 된다.

④ 택시미터전문검정기관에 관하여는 제40조 및 제45조제2항·제3항을 준용한다.

⑤ 국토교통부장관은 택시미터전문검정기관이 다음 각 호의 어느 하나에 해당하는 경우에는 그 지정을 취소하거나 6개월 이

내의 기간을 정하여 그 업무의 전부 또는 일부의 정지를 명할 수 있다. 다만, 제1호 및 제8호에 해당하는 경우에는 그 지정을 취소하여야 한다.

1. 거짓이나 그 밖의 부정한 방법으로 지정을 받은 경우
2. 업무와 관련하여 부정한 금품을 수수하거나 그 밖의 부정한 행위를 한 경우
3. 자산상태의 불량 등의 사유로 그 업무를 계속하는 것이 적합하지 아니하다고 인정될 경우
4. 제4항에서 준용되는 제45조제2항에 따른 시설 · 장비 등의 지정기준에 미달한 경우
5. 제40조제1항에 따른 정밀도검사를 받지 아니한 검정용기계 · 기구로 검사를 한 경우 및 정확성이 확인되지 아니한 검정용기계 · 기구를 사용하여 검정을 한 경우
6. 제72조제1항에 따른 보고를 하지 아니하거나 거짓으로 보고한 경우
7. 제72조제2항에 따른 검사를 거부 · 방해 또는 기피하거나, 질문에 응하지 아니하거나 거짓으로 답변한 경우
8. 이 조에 따른 업무정지명령을 위반하여 업무정지기간 중에 검정업무를 한 경우

⑥ 제5항에 따른 처분의 세부 기준과 절차, 그 밖에 필요한 사항은 국토교통부령으로 정한다.

제70조(자동차관리의 특례)

다음 각 호의 자동차에 대한 등록(이륜자동차의 경우에는 사용신고를 말한다) · 자동차자기인증 · 부품자기인증 · 점검 · 정비 · 검사 · 폐차 · 등록번호판(이륜자동차의 경우에는 이륜자동차번호판을 말한다) 및 봉인에 관하여는 이 법의 규정에도 불구하고 국토교통부령으로 정하는 바에 따른다.

1. 대한민국 주재 외교관이 소유하는 자동차
2. 대한민국 주재 미합중국 군대의 구성원 · 군무원 또는 그들의 가족이 사적 용도로 사용하는 자동차
3. 국제연합 또는 이에 준하는 국제기구의 직원이 소유하는 자동차
4. 도로교통에 관한 협약의 당사국 국민(내국인은 제외한다)이 소유하는 자동차 중 국내에서 운행하는 자동차 및 우리나라에 등록된 자동차 중 도로교통에 관한 협약의 당사국(우리나라는 제외한다)에서 운행하는 자동차
5. 「관세법」에 따라 다시 수출할 것을 조건으로 일시 수입되는 자동차
6. 국가 안보 및 치안 유지를 위하여 특히 필요하다고 인정하여 국토교통부령으로 정하는 자동차
7. 도로(「도로법」에 따른 도로와 그 밖에 일반 교통에 사용하는 구역을 말한다) 외의 장소에서만 사용하는 자동차
8. 수출용으로 제작 · 조립한 자동차

2. 세계의 자동차 회사

세계적으로 자동차 관련 기업들은 독일과 미국이 강세이며, 이탈리아와 일본, 한국, 인도가 그 뒤를 바짝 쫓고 있다. 자동차의 역사 편에서 간단히 보았겠지만 자동차 회사의 발전은 자동차 기술의 발전과 밀접하게 연관되어 있다. 신기술의 발견은 새로운 자동차를 만들 수 있는 기회이기도 하기 때문이다. 더불어 우리가 흔히 알고 있는 자동차 브랜드의 이름 및 내부 기관의 이름은 각 기술을 개발한 회사 및 개발자의 이름에서 유래한 것이 많다. 다음은 각 국가별 자동차 회사에 대한 소개이다. 천천히 살펴보며 각 제조사간 어떤 특징이 있으며, 어떤 자동차가를 주로 만들고 있는지 살펴보도록 하자.

1 독일의 자동차 제조회사

■ BMW

독일의 프란츠 요제프 포프(Franz Josef Popp)가 설립한 회사이다. 회사 이름인 BMW는 회사명이었던 바이에리셰 모토렌 베르케(Bayerische Motoren Werke)의 앞 글자를 따 축약하여 사용하던 것이 현재까지 굳어진 것이다.

초기BMW사는 에는 항공기 엔진 회사로 1차와 2차 세계대

전 당시 비행기 엔진을 제작하여 공급했다. 우리가 알고 있는 BMW의 마크는 또한 이때 항공기 프로펠러가 도는 모양을 따 제작한 것이다. 전쟁이 끝난 뒤에는 항공기 엔진을 제작하던 것에서 모터사이클 제작으로 방향을 돌렸고, 이후 자동차 산업으로 영역을 확장했다. 이후 내로라 하는 자동차들을 생산하여 세계적인 브랜드로 성장하였다. 우리가 잘 알고 있는 BMW시리즈가 유명하다.

■ 벤츠(Benz)

독일의 다임러 벤츠(Dimler-Benz)와 칼 벤츠(Karl Benz)가 세운 회사이다. 다임러 벤츠는 2행정 가스 기관과 가솔린 기관을 단 3륜차를 개발하여 자동차 발전사에 한 획을 그은 유명한 발명가이기도 하다. 위 BMW사와 마찬가지로 1차와 2차 세계 대전 동안에는 항공기와 전차, 잠수함 등의 엔진을 제작했으며, 전쟁이 끝난 뒤 자동차 제작 분야로 방향을 돌려 지금의 브랜드를 만들었다. 각 클래스별 벤츠 시리즈 등이 유명하다.

■ 폭스바겐(Volkswagenwerk)

폭스바겐이라는 이름은 '국민차'라는 뜻이 있다. 세계 대전 당시 독일에서는 모든 국민들이 탈 수 있는 보급용 자동차를 만드는 계획인 '국민 자동차'프로젝트가 진행되고 있었는데 이것이 현재 폭스바겐 사의 전신이다.

각 자동차 제조사들이 이 프로젝트에 참여했으며 최종 책임자는 당시 메르세데스 사의 유명 디자이너였던 페르디난트 포르쉐였다. 초기에는 자동차를 만들었으나 세계대전 동안에는 전투 물품을 함께 생산하기도 했다. 전쟁이 끝난 뒤 인수되어 현재 폭스바겐 사가 되었다. 초기에는 미국에서 유명세를 타기 시작했으며, 이후 세계적인 브랜드로 발돋움했다. 우리가 잘 알고 있는 딱정벌레 모양 자동차인 뉴비틀 및 미니버스 등이 유명하다.

■ 아우디(Audi AG)

독일의 아우구스트스 호르히(August Horch)가 설립한 회사이

다. 초기 회사명은 호르히 오토모빌 베르케(Horch Automobil-
Werke GmbH)였으나 추후 '아우디'라는 이름으로 바꾸었다.
이후 자사를 포함한 네 개의 회사를 합병하여 아우토 유니
온(Auto Union)이라는 이름으로 회사를 꾸려 운영했다. 아우
디 사의 마크인 네 개의 동그라미는 이 유니온을 상징한다.
2차 세계대전 때에는 군수물자를 생산하기도 했으며 추후
폭스바겐 사에게 인수되었다. 아우디 자동차의 특징은 일
반 차량들이 사용하는 후륜 구동 방식이 아니라 전륜 혹은
사륜 구동 방식을 사용한다는 것이다. 우리가 잘 알고 있는
아우디 시리즈가 유명하다.

독일의 기술력

19세기에는 인류 기술발전에 지대한 공헌을 한 산업혁명의 시기였다. 독일은 주위 국가에 비해 늦게 산업혁명의 대열에 올랐으나, 타 국가에 비해 석탄과 철강이 많이 매장되어 있어서 산업혁명의 기반을 탄탄히 구축할 수 있는 지리적인 이점이 있었다. 질 좋은 철광석의 생산은 제련 기술 및 각종 기술력의 성장을 도왔고 이는 자동차 기술의 발달까지 이어질 수 있었다.

비록 두 차례 세계대전 및 분단을 통해 한차례 수난을 겪기는 했지만 지금까지도 독일의 기술력은 세계적으로 이름을 떨치고 있다.

2 미국의 자동차 회사

■ 포드(Ford)

미국의 자동차왕 헨리 포드(Henry Ford)가 설립한 자동차 회사이다. 일명 '포드 시스템'으로 알려진 새로운 조립방식을 개발하여 자동차 생산 시간을 혁신적으로 단축시켰고, 자동차를 대중화시키는 데 큰 공헌을 했다. 이 시스템을 통해 생산된 T시리즈, 머스탱 등이 유명하다.

■ 제너럴 모터스(General Motors)

미국의 윌리엄 듀랜트(William Durant)가 뷰익 사를 사들이며 재설립한 회사로 줄여서 GM이라고도 불린다. 한때는 세계 최대 자동차 회사이기도 했다. 주로 자동차를 생산하지만 금속 제품이나 디젤 엔진 등도 함께 생산하며, 그밖에 가전제품 및 국방기기, 우주 산업 등까지 폭넓은 영역에 손을 미치고 있다. 자동차는 쉐보레, 캐딜락 등이 유명하다.

 포드 시스템

자동차에 들어가는 부속 부품들을 표준화하고, 각 제품을 단순화시켰으며 공정 작업을 전문화함으로써 보다 표준적인 생산 방식을 창출했다. 더불어 자동차 조립 시 컨베이어를 통해 부품을 이동시키며 조립하는 방식으로 효율성을 높이고 획기적인 대량 생산이 가능하게끔 만들었다. 이로 인해 자동차의 판매 가격을 낮출 수 있었고 좀 더 많은 사람들에게 자동차를 보편적으로 보급하는 데 크게 기여했다. 더불어 노동자에게는 높은 임금을, 소비자에게는 낮은 가격으로 상품을 구입할 수 있도록 하여 생산과 판매 과정에 활력을 불어넣었다.

포드 시스템을 대량 생산 시스템(Mass production system) 혹은 동시 관리 시스템(Management by synchronization)라고도 한다. 이는 자동차를 조립하는 각 과정이 동시에 시작되어 동시에 종료될 수 있기 때문이다.

- **벤틀리(Bentley)**

  영국의 월터 오웬 벤틀리(Walter Owen Bentley)가 설립한 회사로 수공업 자동차 제조 회사 로 유명하다. 한때 영국을 대표하는 자동차 회사이기도 했다. 현재는 폭스바겐 사가 소유하고 있다. 벤틀리 시리즈가 유명하다.

- **롤스로이스(Rolls-Royce Limited)**

  영국의 F. H. 로이스(Frederick Henry Royce)와 C. S.롤스(Charles Rolls)가 설립한 회사로 벤틀리와 마찬가지로 수공업 자동차 회사로 유명하다. 초기에는 자동차와 함께 항공기 엔진을 생산하던 회사였으나 이후에 자동차 생산 분야로 방향을 전환했다. 롤스로이스의 상징이라고 할 수 있는 라디에이터 그릴은 그리스 파르테논 신전을 본뜬 것이다. 롤스로이스 시리즈가 유명하다.

■ **페라리(Ferrari)**

이탈리아의 엔초 페라리(Enzo Ferrari)가 세운 스포츠카 회사
이다. 초기 회사명은 스쿠데리아 페라리(Scuderia Ferrari)였다.
자동차 경주에 출전하며 명성을 얻기 시작했고, 현재까지
수많은 승리를 거두었다. 이후 경주용 자동차 및 스포츠카
를 주로 만드는 회사로 입지를 굳혔다. 말 모양의 엠블럼과
페라리 시리즈가 유명하다.

■ **람보르기니(Lamborghini)**

이탈리아의 페루치오 람보르기니(Ferruccio Lamborghini)가 설
립한 스포츠카 회사이다. 페라리 사와 마찬가지로 경주용
자동차 및 스포츠카를 주로 생산한다. 초기 에는 군수용품
을 재분해하여 트랙터를 만들던 회사였으나 평소 자동차에
관심이 많았던 페루치초의 계획 아래 경주용 차량을 만드
는 회사로 재탄생하여 지금의 브랜드로 거듭났다. 투우의
이름을 붙여 만드는 람보르기니 시리즈가 유명하다.

5 일본의 자동차 회사

■ **혼다(Honda)**

일본의 혼다 소이치로(Honda Soichiro)가 설립한 자동차 회사
이다. 자동차 연구 및 내연기관 제작을 하던 혼다 기술연구
소가 전신이며, 자동차뿐 아니라 모터사이클 분야에서도
유명한 회사이다. 세계 최초로 자동차용 내비게이션을 만
들어내기도 했다.

■ **닛산(Nissan)**

일본의 닛산(Nissan) 그룹에서 설립한 자동차 회사로 혼다,

도요타와 함께 일본을 대표하는 삼 대 자동차 회사 중 하나
이다. 회사명의 의미는 '일본 산업'이라는 말을 줄여 '닛산'
이라고 부르는 것이다. 세계대전 후 미국으로 진출한 뒤 세
계적으로 유명해졌다. 최근에는 전기자동차 생산 등 하이
브리드 자동차 개발에 힘쓰고 있다. 인피니티 등이 유명하
다.

- **도요타(Doyota)**

  일본의 도요타 사키치(Doyota Sakichi)가 설립한 회사로 일본
  에서 가장 큰 자동차 회사이다. 도요타 그룹에서 운영하고
  있는 회사이기도 하다. 필요한 부품을 제때 필요한 만큼 생
  산하는 '도요타 방식'을 생산라인에 적용하고 있다. 알리
  온, 렉서스 등이 유명하다.

6 인도의 자동차 회사

- **타타(Tata)**

  인도 타타(Tata) 그룹에서 설립한 자동차 회사이다. 타타그
  룹은 철강으로 시작한 인도 회사로 이후 항공 분야 등 다양
  한 분야로 산업을 확장하며 규모를 키웠다. 1947년 인도가
  독립한 뒤 외국 기업의 인도 진출이 법적으로 제지되었는

데, 이로 인해 타타 그룹은 인도 최대 기업으로 성장할 수 있었다. 트럭이나 공업 차량 등을 주로 생산하며 인도 및 주위 문화권에서 타타 사의 자동차를 많이 찾아 볼 수 있다.

7 스웨덴의 자동차 회사

■ 볼보(volvo)

스웨덴의 구스타프 라르손(Gustaf Larson)과 아사 가브리엘손(Assar Gabrielsson)이 설립한 회사이다. 건설차량 생산 회사 중에서 가장 유명하며 선박 엔진도 함께 제조하고 있다. 이후 항공엔진까지 영역을 확장하기도 했다. 트럭 등 공업 및 건설용 차량을 주로 제조하며, 일반 승용차 제조도 진행했지만 추후 포드 사에 승용차 브랜드를 매각했다. 업무 특성상 안전기준에 매우 부합하는 차량을 생산하는 것으로 알려져 있다. 볼보 트럭 등이 유명하다.